왕초보 허과장의 바다낚시 이야기

서성모 지음

황금시간
Golden Time

왕초보 허과장의 바다낚시 이야기

지은이 서성모
펴낸이 정규도
펴낸곳 황금시간

초판 3쇄 발행 2017년 10월 12일

편집 허만갑
디자인 정현석 김현숙
표지 그림 · 일러스트 김영진

공급처 (주)다락원 (02)736-2031

주소 경기도 파주시 문발로 211
전화 (02)736-2031(대)
팩스 (031)8035-6907
출판등록 제406-2007-00002호

값 12,000원
ISBN 978-89-92533-50-8 13690

http://www.darakwon.co.kr

- 다락원 홈페이지를 통해서 인터넷 주문을 하시면 자세한 정보와 함께 다
  양한 혜택을 받으실 수 있습니다.

황금시간
Golden Time

한 번도 낚시를
해보지 않은 분들을 위한
바다낚시 안내서

낚시는 장르가 매우 다양합니다. 낚시도구와 기법이 이 지구상에 살고 있는 물고기 수만큼 많다고 할 정도입니다. 그 중에서도 이 책에서 소개하는 낚시장르는 바다낚시이며, 특히 배를 타고 하는 배낚시입니다. 배낚시의 매력은 배를 타지 않는 낚시와 비교해 초보자도 물고기를 낚을 확률이 높다는 것입니다. 그래서 배낚시를 하면 고기를 못 낚을까 걱정하실 필요가 없습니다.

저는 낚시전문지인 월간 낚시춘추의 기자입니다. 1995년 낚시춘추에 입사하기 전 저는 낚시의 '낚'자도 모르는 문외한이었습니다. 입사면접 때 사장님이 "낚시 갈 때 채비는 어떻게 합니까"하고 묻기에 "빈틈없이 잘 해야죠"하고 답했더니 사장님이 껄껄 웃으셨습니다. '채비'가 물고기를 낚기 위한 바늘 등 소품의 조합을 뜻하는 낚시용어란 것을 나중에 알았습니다.

이 책을 쓰는 내내 낚시 문외한이었던 그 시절을 떠올렸습니다. 한 번도 낚시를 접하지 못한 여러분이 낚시란 미지의 세계를 방황하지 않고 여행하려면 어떤 지식이 필요할까? 책 구성과 편집에 대해 고민했습니다.

이 책은 주인공인 허철구의 바다낚시 입문 스토리와 학습코너(Fishing School)로 구성되어 있습니다. 평범한 직장인인 허철구 과장이 바다낚시 멘토인 친구 평기와 전문낚시인 최 프로의 도움을 받아 바다낚시를 하나하나 배우는 과정을 그린 것입니다. 대다수 낚시 입문자들이 주인공과 같은 과정을 거치게 되며 아마 여러분도 비슷한 단계와 과정을 통해 바다낚시에 빠져들게 될 것입니다.

낚싯대 등 장비 구입, 채비 만들기, 배에 탈 때부터 내릴 때까지 전 과정을 술술 읽으며 배울 수 있도록 하려고 노력했습니다. 글 속에 나오는 낚시용어들은 각주를 달아 설명했습니다. 총 다섯 개 장으로 구성된 스토리 중간 중간에 Fishing School을 삽입, 초보자분들이 궁금해 하거나 꼭 알고 있어야 할 낚시정보를 정리해 실었습니다. 각 항구별 낚싯배 연락처, 인기 낚시장비 리스트, 실전 테크닉 등은 바다낚시를 즐기는 데 든든한 길잡이가 되어줄 것입니다.

이 책의 주인공 허철구 과장은 사랑하는 가족이 자신이 직접 낚은 바닷고기를 맛있게 먹는 모습을 보는 게 행복하다고 말합니다. 저 역시 두 아이의 아빠로서 제가 직접 낚은 바닷고기를 가족과 함께 나눠 먹을 때 가장 행복합니다. 낚시는 단순히 물고기를 낚는 것에서 나아가 이렇게 풍성한 식탁을 통해 자연의 즐거움을 함께 나눌 수 있어 더 좋습니다. 그것은 다른 레저에선 보기 힘든 낚시만의 덕목입니다. 망망한 대해에서 맛보는 해방감과 청량감을 이 책을 읽는 여러분도 함께 느낄 수 있었으면 합니다.

끝으로 이 책의 발간을 위해 많은 도움을 주신 웹진 어부지리 운영자 민평기님과 루어낚시의 달인 최석민 프로님에게 감사의 말을 전합니다.

월간 낚시춘추 서성모 기자

•• 차례 ••

2장

우력 배낚시 장비 마련하기

3장

내 장비로 우럭 낚고 요리해서 먹기

4장

바다루어낚시에 도전하다

광어 다운샷 마스터

등장인물과 물고기

허철구

춘추전자에 근무하고 있는 40세의 평범한 직장인. 가정과 회사밖에 모르고 살아온 '에프엠 사나이'다. 아이들이 어느 정도 자라고 회사에서도 인정받는 위치에 올랐지만 어느 날 문득 의욕상실에 빠진다. 그런 그에게 운명처럼 바다낚시라는 세계가 다가온다.

평기

허철구의 고등학교 동창. 자유로운 삶을 동경해 직장을 그만둔 뒤 카페를 차리고 틈틈이 낚시를 즐기고 있다. 친구 허철구가 일상에 지쳐 무기력한 모습을 보이자 바다낚시의 세계로 이끌어준다. 낚시장비 구입부터 낚싯배 예약, 낚시요령, 요리법까지 옆에서 도와주는 바다낚시 멘토.

임 부장

허철구가 근무하는 춘추전자의 거래처인 S전자의 영업부장. 매사에 깐깐하고 대인관계가 소극적이라 쉽게 친해지지 못했는데, 바다낚시를 광적으로 좋아한다는 사실을 알게 되면서 동호인으로 허철구와 가까워지고 낚시대회에도 함께 출전하게 된다.

마 과장

춘추전자의 경쟁업체인 거성전자에 근무하고 있다. 바다낚시를 통해 S전자의 임 부장과 친분을 다졌다. 영업능력은 뛰어나지만 종종 비열한 방법을 써서 허철구를 곤경에 빠뜨리곤 한다. 두 사람은 결국 낚시대회에서 일전을 겨루게 된다.

최 프로

낚시용품 제조업체의 프로스태프로 활동하고 있는 전문낚시인. 루어를 사용한 광어낚시의 베테랑으로서 바다루어낚시대회에 출전하는 허철구에게 자신만의 비법을 알려주어 허철구의 대회 입상을 돕는다.

우럭과 광어

주인공 허철구가 바다낚시에서 만나는 물고기들. 우럭과 광어 모두 횟집에서 쉽게 볼 수 있는 어종이지만 바다에서 직접 낚은 자연산 우럭과 광어의 맛에 반한 허철구는 자연산 회를 가족들에게도 맛보이고 싶다는 생각에서 바다낚시에 입문하게 된다.

1장

허 과장,
난생 처음
낚싯배를 타다

바다, 허 과장을 유혹하다

일요일의 사무실은 냉방장치가 가동되지 않아 후덥지근했다. 컴퓨터 모니터를 보면서 수금 상황을 체크하던 허 과장은 긴 한숨을 내쉬었다. 월말 마감은 다가오고 있는데 이달은 수금 실적이 썩 좋지 못하다. 결국 특근을 자청하고 나섰다. 요즘은 경기가 어려워서인지 수금 약속을 지키지 못하는 업체들이 늘어나고 있다. 내일은 어디부터 돌면서 결제를 재촉해야 할까? 한두 번 맞는 상황도 아닌데 수금 마감일은 언제나 큰 스트레스로 다가온다.

40세의 샐러리맨 허철구. 그는 서울 용산에 있는 춘추전자 마케팅부에서 근무하고 있다. 그의 꿈은 엔지니어였다. 경기대학 전자공학과를 졸업하고 미래산업의 꽃이라 불리는 IT산업에 뛰어들어 최고의 권위자가 되겠다는 포부를 안고 춘추전자에 입사했다. 하지만 지금 그가 하고 있는 일은 기술개발과는 거리가 먼 마케팅 영업이다. 그래도 언젠가는 자신이 직접 만든 전자회로를 대기업에 납품하리라는 꿈을 잃지 않고 있다.

12년 회사생활을 돌아보면 정신없이 달려온 시간이었다. 결혼을 해서 이제 두 아이의 아빠가 되었고 작은 평수지만 아파트까지 장만했다. 하루가

고장
더워~
더워~

다르게 커가는 아이들을 보는 것은 큰 기쁨이다. 회사에서도 능력을 인정받고 있다. 하지만 요즘은 무언가 허전하고 알 수 없는 의욕상실에 빠지는 날이 많다. 왜일까? 허 과장은 상념에 빠져 차창 밖으로 쏟아지는 햇살을 한동안 바라보고 있었다.

"띠링"

휴대폰 메시지다. 확인해보니 친구 평기가 보냈다.

〈오늘 저녁 가게에 놀러와.〉

평기는 허 과장의 고등학교 동창이다. 한동안 연락이 끊겼다가 최근 페이스북을 통해 다시 만났다. 시를 좋아하던 문학소년 평기가 한국대학 국문학과에 들어갔을 때 허 과장은 그가 유명한 시인이나 작가가 될 줄 알았다. 그런데 다시 만났을 때 평기는 작고 허름한 카페의 주인이었다.

'무슨 일이지? 오라는 소리를 다하고?'

허 과장은 일도 손에 안 잡히고 해서 일찍 회사를 나왔다.

'술이라도 한 잔 하면 기분이 좀 좋아지려나.'

· · ·

아직 낮이어서 그런지 카페엔 손님이 없었다. 여점원이 허 과장을 알아보고 인사를 했다. 보름 전 한 번 봤을 뿐인데… 사장의 친구라서 기억하고 있나? 왠지 기분이 좋아졌다. 평기가 주방에서 고개를 내밀었다. 덥수룩한 머리에 두꺼운 안경을 코에 걸친 평기의 얼굴이 생기발랄한 여점원과 너무 대조되어 보는 순간 피식 웃음이 흘러나왔다.

"생각보다 빨리 왔네? 오늘 낚시하고 왔는데, 잡은 고기 맛 좀 보라고 불렀어."

"낚시? 네가 낚시를 해? 너처럼 방콕 좋아하는 사람이 낚시를 하다니?"

"이래봬도 바다낚시 한 지 5년이 넘는다. 이리 들어와 봐. 내가 낚아온 고기 보여줄게."

허 과장은 결코 활동적이지 않은 평기가 낚시를 한다는 사실이 조금 뜻밖이었다. 그러고 보니 오늘 그의 몸에선 비릿한 생선 냄새가 풍겨오는 듯도 했다. 주방에 들어서니 평기가 하얀 박스의 뚜껑을 열어보였다. 박스 안엔 얼음이 수북하게 쌓여있었고 얼음 밑엔 다시 비닐로 감싼 물고기가 들어있었다. 비닐봉지를 꺼내 펼치자 팔뚝만 한 물고기와 솥뚜껑만 한 물고기가 모습을 드러냈다. 허 과장은 처음 보는 큰 물고기였다.

"와~ 이게 대체 무슨 물고기야?"

"몰라? 횟집에서 자주 봤을 텐데? 시커먼 이 녀석은 우럭이고 넓적한 이 놈은 광어야."

우럭과 광어! 그러고 보니 본 적 있는 것 같은데, 이렇게 큰 물고기였나?

"보통 횟집에서 먹는 우럭과 광어는 이보다 작아. 게다가 구십 프로 양식산이고. 오늘 내가 회를 떠줄 테니까 자연산 회를 먹어봐. 아마 그동안 먹어본 생선회와는 맛이 다를 거야."

평기는 큰 도마에 물고기를 올려놓고 칼로 능숙하게 뼈와 살을 분리한 다음 얇고 먹음직스럽게 회를 떠냈다. 일식 요리사처럼 물고기를 다루는 평기의 모습은 평소에 알고 있던 친구의 모습이 아니었다.

"지금 보니까 완전 요리사인데?"

"낚시란 게 낚는 재미도 있지만 맛있게 먹는 재미도 빼놓을 수가 없지."

회를 모두 썬 평기는 초고추장과 간장, 그리고 녹색의 고추냉이(와사비)를 준비하고는 소주 한 병을 챙겨왔다.

"자, 다 됐다. 요걸 네게 맛보여주고 싶어서 불렀어. 횟집에서는 결코 먹을 수 없는 자연산 회지."

허 과장은 회를 집어 초장에 찍은 뒤 입안에 넣고 오물오물 씹었다. 그런데 맛을 잘 모르겠다. 지금껏 횟집에서 먹은 회와 뭐가 다르다는 거지? 쫄깃함은 별 차이가 없는 듯했고 오히려 더 싱거운 맛이란 느낌이 들었다. 어쨌든 친구가 잡아서 정성스레 마련해준 음식이라 "캬"하는 감탄사와 함께 소주를 두세 잔 비웠다. 그런데… 먹으면 먹을수록 묘하게 당기는 뒷맛이 있다.

'그래, 확실히 달라!'

지금까지 회를 먹었을 땐 입안에 텁텁한 잔분과 비릿함이 감돌았다. 그래서 그 뒷맛을 없애기 위해 소주나 절인 생강 등을 먹곤 했다. 그런데 평기가 썰어준 회에는 텁텁함이나 비릿함이 없었다. 씹다 보면 깨끗하게 다 녹아버렸다. 그리고 마지막엔 고소한 여운이 남았다. 싱싱하다! 담백하다! 개운하다! 이런 표현들을 떠올리며 마침내 접시를 비워버린 자신을 발견한 허 과장은 깜짝 놀랐다. 사실 허 과장은 회를 썩 좋아하지 않았다. 횟집에 가면 회보다 쯔케다시(일식집에서 나오는 간단한 곁들이 안주)나 매운탕을 즐겨 먹는 편이었다. 놀라기는 평기도 마찬가지였다.

"이제 보니 너, 회 진짜 좋아하는구나!"

와우!

허 과장은 모처럼 기분 좋게 취했다.

"캬아~ 좋다! 좋은 안주가 있고, 친구가 있으니 오늘은 세상에 부러운 게 없구만. 그나저나 모태 먹물쟁이인 줄 알았던 네가 낚시를 한다는 게 참 신기하다. 언제부터 낚시한 거야?"

"오륙 년 전 우연한 기회에 낚시인들을 만나서 전염돼버린 거지."

평기는 빈 접시들을 한쪽으로 치워놓고 주방으로 가더니 커피를 가지고 왔다.

"내가 졸업하고 입사한 곳이 출판사잖아. 그런데 출판사 일이 내가 꿈꾸던 것과는 완전 딴판인 거야. 야근에 주말 특근을 밥 먹듯이 하는 거야. 나는 자유롭게 살면서 글이나 써보길 원했는데 이건 그냥 샐러리맨 생활이더라고. 그래서 직장을 때려치우고 여행을 한동안 다녔지. 그러던 중 우연히 바닷가에서 낚시인들을 만났어. 참 팔자 좋은 사람들이구나 생각했는데 알고 보니 나랑 똑같은 직장인들이더라고. 그래서 나도 낚시를 한번 해보고 싶다고 했지."

"그랬더니?"

"다음 날 새벽에 다시 포구로 나오라더군. 그래서 다음날 그 사람들과 배를 탔지. 배를 타고 망망대해로 나가니 가슴이 트이고 정신이 맑아지는 거야. 맑은 공기를 벌컥벌컥 마셔댔지. 그런데 한두 시간 있으니까 조금 지루해지더라고. 그러자 선장님이 자기 낚싯대를 빌려주면서 낚시를 한번 해보래. 낚시를 했지. 그런데 고기가 잡힌 거야! 쿡쿡 획획 마구 휘젓는데 나는 놓칠까 봐 조마조마했지. 그리고 마침내 이만한 물고기를 내 손에 쥐었을 때, 뭐랄까 짝사랑하던 여자가 뜻밖에 나한테 고백을 해온 것처럼 황홀하더라고! 그리고 하이라이트는 배 위에서 바로 썰어 먹은 회였지. 그날 먹은 회보다 더 맛있는 회는 지금까지 먹어본 적 없어.”

허 과장은 평기의 말을 가만히 듣고 있다가 한 마디 했다.

“재밌겠다. 낚시도 하고 신선한 회도 먹고, 나도 한번 해볼까? 바다낚시.”

“좋지. 언제 한번 휴일에 시간 맞춰보자고.”

“나도 너처럼 취미가 있었으면 좋겠어. 실은 나 요즘 일하는 것도 지치고, 낙이 없다.”

“스트레스 좀 받는 모양이구나.”

“그래. 지금껏 가족과 회사만 보고 살아왔는데 요즘은 자꾸 힘이 빠져. 사는 게 재미가 없어.”

“그래? 그렇다면 바다낚시를 한번 가봐. 근데 무지 재미있다고 낚시에 빠져 정신 못 차리게 돼도 난 책임 안 져. 낚시광이란 말 들어봤지? 낚시엔 중독성이 있다는 말이지. 나야 홀아비지만, 넌 가정을 지켜야 하니까 낚시에 너무 빠지지 않게 조심해야 돼.”

“야, 그런 걱정은 안 해도 돼. 난 너무나 비몰입적이라 변변한 취미 하나 없잖냐. 차라리 낚시에라도 몰입되어 풍덩 빠지고 싶다, 임마.”

· · ·

집으로 돌아오는 버스 안에서 허 과장은 평기와 떠날 바다낚시를 머릿속에 그려보았다. 눈부신 태양 아래 끝없이 펼쳐져 있는 수평선. 갈매기 끼룩 끼룩 울며 따라오는 배 위에 늠름하게 서있는 자신의 모습을 떠올려 보았다. 흐음! 멋지고 사나이다운 걸. 모니터에 얼굴을 박고 깨알 같은 숫자를 세고 있는 허 과장의 모습은 온데간데없다. 맛있는 바닷고기를 아이스박스에 가득 채워 개선장군처럼 집으로 돌아오는 모습도 상상해 보았다. 큰 물고기를 본 가족의 표정은 어떨까? 아내는 '정말 당신이 낚아온 거예요'하고 물으면서 눈이 휘둥그레지겠지? 아이들도 깜짝 놀라서 소리칠 거야.

"와, 이거 아빠가 다 잡은 거다!"

한껏 기분에 취한 허 과장은 자신도 모르게 아이들이 할 말을 조금 큰 소리로 말해버렸다. 앞에 서있던 학생이 이상하다는 듯 바라보았다. 그래, 지금까지 너무 앞만 보고 달려왔어. 사람이 어떻게 로봇처럼 일만 할 수 있나. 나를 위해 재충전의 시간이 필요한 거야. 버스는 어느새 집 앞 정류장에 와 있었다.

첫 경험

다음날 아침, 회사로 가는 차 안에서 허 과장은 평기와 약속한 바다낚시를 생각했다. 궁금한 게 한두 가지가 아니었다. 낚시비용은 얼마나 들까? 과연 내가 가서 고기를 잡을 수 있을까? 낚싯배는 어디서 타지?

회사에 출근해서 평기에게 이것저것 물어보리라 마음먹었는데 오전 내내 회의에 집중하느라 잊고 있었다. 점심 무렵, 전화는 평기가 먼저 했다.

"철구, 어제 잘 들어갔어? 말 나온 김에 바다낚시 날짜를 바로 잡았어. 이번 주 일요일이야."

"이번 주말? 그렇게나 빨리? 좋아. 내가 무얼 준비해야 하지?"

"준비할 건 없어. 내가 네 몫까지 다 준비해놓을 테니. 간단한 나들이 복장에 모자만 쓰고 와. 단 반팔이나 반바지는 곤란해. 바다에선 햇볕이 강해서 살이 타기 쉬워."

"멀미약은 안 가져가도 될까? 배를 타면 멀미가 심하다던데."

"멀미약? 그것도 내가 준비할게. 배를 탄다고 꼭 멀미를 하는 것은 아냐. 체질에 따라서 뱃멀미를 하지 않는 사람도 있어. 다만 뱃멀미는 몸이 피로

하면 쉽게 찾아오니까 낚시 가기 전날은 술을 마시지 않는 게 좋아. 또 새벽에 출발하니까 일찍 잠을 자두라고."

"새벽 몇 시에 가는데?"

"새벽 네 시. 내 카페 앞에서 만나 차로 가면 낚싯배를 타는 인천 남항부두까지는 30분밖에 안 걸려."

허 과장은 너무 이른 출발 시간에 조금 놀랐다.

'허참, 낚시를 하려면 꽤 부지런해야 하는군.'

● ● ●

일주일은 금방 지나갔다. 걱정하던 것과 달리 수금 계획은 차질 없이 마무리되었다. 허 과장이 이번에 새롭게 안 사실은 주변에 낚시를 즐기고 있는 사람들이 생각보다 많다는 것이다. 예전엔 낚시 이야기를 하면 건성으로 듣고 말았으나 이제는 귀를 기울이게 되었고 궁금한 것은 물어보기도 했다.

S전자의 임 부장이 바다낚시 마니아라는 것도 이번에 처음 알았다. 큰 물고기를 들고 있는 사진을 모니터 배경화면으로 깔아놓고 있었는데 허 과장은 단번에 그 고기가 우럭이라는 것을 알았다.

"임 부장님 이거 우럭 아닙니까? 어디서 이렇게 큰 걸 잡으셨나요?"

"어? 이건 작년에 태안 먼 바다에서 잡은 녀석인데 크기가 60센티 가까이 되지. 내 최대어 기록이야. 그런데 허 과장이 우럭을 알아? 허 과장도 낚시를 하나?"

헉!
60센티~

"이제 배워보려고요. 이번 주에 친구와 인천으로 배낚시를 가기로 했습니다."

"그래? 허 과장이 낚시에 관심이 있다니 반갑군. 언제 나하고도 한번 낚시를 가자고."

평소 깐깐하기로 유명한 임 부장이 낚시 얘기가 나오자 이렇게 부드러운 얼굴로 바뀔 줄은 몰랐다. 임 부장은 그 뒤로 10여분 동안 제주도 바다낚시 경험을 신이 나서 얘기했는데 무슨 얘기인지는 정확히 알아들을 수 없었지만 허 과장은 웃는 얼굴로 고개만 끄덕였다.

'술을 싫어하는 임 부장과 친해질 계기가 없었는데 낚시를 통해 가까워질지도 모르겠군. 이번에 평기를 따라가서 제대로 바다낚시를 경험해봐야지.'

●●●

드디어 일요일. 허 과장은 새벽 3시에 맞춰 놓은 핸드폰의 알람소리에 잠을 깼다. 아내가 깰까봐 얼른 알람을 끈 그는 세수를 하고 전날 밤 미리 꺼내둔 옷을 입었다. 평기가 멀미를 피하려면 잠을 푹 자두라고 일러주었지만 좀처럼 잠들 수 없었다. 어릴 적 소풍 가기 전날처럼 가슴이 설레어 이 생각 저 생각 하다가 자정이 넘어서야 잠이 들었다. 3시간밖에 자지 않았지만 졸리지는 않았다.

카페 앞엔 평기가 기다리고 있었다. 차는 어두운 서울 시내를 벗어나 제2경인고속도로로 접어들었다. 휴일 새벽의 고속도로는 한적했다. 고속도로 종점에 이르자 교통표지판에 '연안부두'라고 적혀 있다. 연안부두 이정표를 따라 진입한 차는 10여분 후 인천 남항에 도착했다. 시계를 보니 새벽 4시 40분. 서서히 여명이 밝아오는데 조용한 새벽항구로 들어서는 차량들이 꽤 많았다. 평기가 '이 시간에 오는 사람들은 모두 낚시인'이라고 했다. 주차장에 차를 주차하고 평기는 아이스박스와 낚싯대, 작은 가방을 꺼냈다. 그리고 구명조끼를 두 개 꺼내서 하나를 허 과장에게 건네주었다.

"배를 타면 구명조끼를 꼭 입고 있어야 해. 낚싯배에 구명조끼가 비치되어 있지만 너무 두터워서 입고 낚시를 하기엔 불편해. 이렇게 주머니가 달린 낚시용 구명조끼가 꼭 필요하니까 나중에 하나 구입하라고."

짐을 나눠 들고 평기를 따라 갔다. 도로 옆에 줄지어 불을 환하게 밝힌 가게들은 모두 낚시점이었다. ○○낚시, ☆☆낚시 앞에서 사람들이 모여 웅성대고 있었다. 낚시점 앞엔 큰 대야가 여러 개 있었고 낚시점 주인이 대야에 있는 것을 퍼서 비닐봉투에 담고 있었다. 뭔가 싶어 보니 미꾸라지였다. 평기는 낚시미끼로 쓸 미꾸라지라고 설명해주었다.

"우리가 잡을 우럭이나 광어엔 미꾸라지 미끼가 특효지."

새벽 항구는 수산물시장처럼 활기가 넘쳤다.

"세상에! 이렇게 많은 사람들이 모두 낚시를 가기 위해 모인 거야?"

"그럼. 인천은 우리나라 최대의 배낚시 출항지야. 지금 같은 성수기엔 주말마다 2천명 가까이 배를 타지."

"대단하군. 그런데 꼭 이런 꼭두새벽에 배를 타야 해?"

"물고기도 사람처럼 식사시간이 정해져 있어. 대개 해가 뜨는 아침에 왕성한 입질을 보이기 때문에 새벽부터 바다로 나가는 거야."

평기가 한 낚시점에 들어서자 주인이 알아보고 반갑게 맞았다. 이 가게가 평기의 단골집인 듯했다.

"어제 고기가 많이 낚였어요?"

"네. 괜찮았어요. 많이 낚은 사람은 열 마리 이상 올렸으니까."

평기는 매장 진열대에서 이것저것 물건을 골랐다. 오늘 낚시 중 사용할 소도구들이라고 한다. 돈을 치르고 나니 낚시점 사장이 차트를 건넸다. 평기가 허 과장을 불러 펜을 주면서 그 차트에 이름과 주민등록번호, 전화번호, 주소를 쓰라고 말했다.

"이게 뭐야?"

"승선명부야. 바다로 나가는 낚시인들의 안전을 위해서 인적사항을 적어 해양경찰서 초소에 신고하는 것이지. 이따가 보면 알겠지만 낚싯배가 떠나기 전에 해경이 배에 승선해서 승선명부의 숫자와 실제로 타고 있는 인원이 맞는지 확인을 해. 낚싯배마다 승선정원이 정해져 있는데 이를 초과하면 벌금을 물어."

허 과장은 평기가 시키는 대로 승선명부에 인적사항을 기입했다. 이름 허철구, 주민등록번호 7xxxxx-1xxxxxx. 주소 경기도 부천시 원미구 중동 ○○○번지, 전화번호 010-xxxx-xxxx.

낚시점에서 나오자 평기가 허 과장을 이끌었다.

"출항까지 30분 남았으니까 간단하게 요기를 하자고."

그러고 보니 배가 출출했다. 항구엔 국수와 어묵, 김밥 등을 파는 포장마차가 여럿 있었다. 뜨거운 어묵 국물에 국수를 말아서 후룩후룩 마시니 속이 따뜻해졌다. 일요일 새벽의 인천 남항은 허 과장이 처음 보는 세상이었다. 부두를 오가는 차량과 사람들의 행렬, 포장마차에서 소주잔을 기울이는 사람, 어딘가 전화를 걸어 큰 소리로 얘기하는 사람….

포장마차를 빠져나와 부두로 향했다. 우와, 배가 모두 몇 척이야? 백여 미터에 이르는 부두에 셀 수 없이 많은 낚싯배들이 정박해있었다. 유람선처럼 거대한 배가 있는가 하면 보트만 한 작은 낚싯배도 있었다. 낚싯배들이 밝힌 불빛 덕분에 부두는 대낮처럼 환했다. 부두엔 낚시인들로 북적였고 자신이 예약한 배를 찾지 못해 허둥대는 사람도 있었다. 우리가 탈 낚싯배는 부두 중간쯤에 있었다. 배 이름은 대양호였다.

대양호엔 20명가량 승선해있었다. 배 중앙에 조타실과 선실이 있고 그 양 옆의 통로에 아이스박스가 줄지어 놓여 있다. 평기는 배 후미에 아이스박스를 놓은 뒤 허 과장의 자리라고 알려주었다.

"낚싯배에는 의자가 없어. 이렇게 아이스박스를 의자 대용으로 쓰면서 낚은 고기를 바로바로 담지. 배에선 선두와 후미가 낚시하기 좋은 자리인데 그곳에 남보다 먼저 아이스박스를 놓으면 자기 자리가 되는 거야."

잠시 후 해양경찰관이 배에 올라 승선명단에 기록된 탑승자 이름을 부르면서 일일이 체크하고 내려갔다. 곧이어 "우르릉"하면서 배에 시동이 걸렸다. 시계를 보니 새벽 5시 30분이었다.

"여기서 낚시터까지는 30분 정도 걸릴 거야. 배가 달릴 땐 갑판에 물보라가 튀니까 선실이나 여기 배 후미 쪽에 앉아 있으면 돼."

동이 트면서 항구의 모습과 주변 바다 풍경이 또렷이 보이기 시작했다. 허 과장은 멀어져가는 항구의 모습을 바라보았다. 숨을 한번 크게 들이쉬었다. 맑은 공기가 폐 깊숙이 들어왔다. 가슴이 후련해지는 느낌. 바닷바람을 쐬고 있는 것만으로도 기분이 날아갈 듯했다.

● ● ●

"자, 포인트*에 다 왔습니다. 낚시할 준비하세요."

스피커를 통해 선장의 목소리가 들리자 선실 안에 있던 사람들이 우르르 밖으로 나와 자기 아이스박스를 찾아 걸터앉았다. 평기는 선실로 들어가더니 큰 실패 하나를 들고 나와서 허 과장에게 건네주었다.

"이게 뭐야?"

"이건 자새*라고 하는데 가장 간단한 배낚시 도구지. 너처럼 낚싯대 없이 온 사람들을 위해 비치해놓은 낚시도구야. 낚싯배엔 대부분 자새를 비치해두고 있어. 여기 낚싯줄 끝에 채비*를 연결하고 봉돌*을 단 뒤 채비의 낚싯바늘에 아까 샀던 미꾸라지를 꿰면 돼."

평기는 가방을 열어 낚시점에서 구입한 소품들을 꺼냈다. 기다란 비닐포장지를 뜯자 그 속에서 바늘이 두 개 달린 '채비'가 나왔다. 그 채비의 양 끝엔 각각 스냅도래*가 달려 있는데, 평기는 스냅도래 하나는 자새의 낚싯줄 끝에, 다른 하나는 쇠추에 연결했다.

"자, 끝났어. 이것이 바로 우럭낚시 채비야. 하지만 우럭만 낚이는 것은 아니고 광어도 낚이고 노래미도 낚이지."

자새의 낚싯줄에 매단 우럭채비의 길이는 1m 정도로 길었고 채비 끝에 단 쇠추는 꽤 무거웠다.

"우럭은 해저의 돌 틈에 사는 녀석이라 우럭을 낚으려면 미끼를 바닥까지 내려야만 해. 그래서 봉돌을 달아. 이걸 바닷물에 빠뜨리면 봉돌의 무게 때문에 채비가 쏜살같이 내려가고 얼마 안 있어 쿵 하고 봉돌이 바닥에 닿

---

*포인트 : 낚시할 자리 또는 물고기가 많은 지점을 뜻하는 낚시용어.
*자새 : 낚싯줄을 50m 이상 감아 놓은 실패. 크기는 공책만하다.
*채비 : 낚시에서 특정어종을 낚기 적합하게 조립된 바늘·봉돌·도래 등의 조합을 말한다.
*봉돌 : 쇠나 납으로 만든 무거운 낚시용 추.
*스냅도래 : 도래는 낚싯줄과 낚싯줄을 연결하는 작은 금속 도구인데 줄이 꼬이지 않게 빙빙 돌기 때문에 도래라고 부른다. 도래 끝에 클립 형태의 스냅이 달린 것이 스냅도래다.

는 느낌이 날 거야. 그러면 낚싯줄을 조금 감아서 팽팽하게 유지한 채 가만히 있으면 얼마 후 우럭이 입질할 거야. 미끼를 우럭이 물면 쿡쿡 하고 당기는 힘이 전달될 거야. 그때 낚싯줄을 감아올리면 돼."

● ● ● ●

평기가 직접 허 과장의 바늘에 미꾸라지를 꿰어 주었다. 저 미끄러운 미꾸라지를 어떻게 손으로 잡을까 궁금했는데 소형 집게를 사용하니 쉽게 집을 수 있었다. 미꾸라지 몸통 중간을 바늘로 꿰었는데 미꾸라지는 여전히 살아서 꿈틀거렸다.

"뚜우!"

조타실 스피커에서 버저가 울리자 낚시인들이 일제히 채비를 물속에 빠뜨렸다.

"저 버저 소리는 선장이 채비를 내리라는 신호야. 배가 포인트에 들어섰으니 얼른 봉돌을 바닷물에 던지라는 뜻이지. 나중에 또 버저가 울릴 텐데 그것은 채비를 감아 올리라는 신호야."

평기가 먼저 쇠추를 바닷물에 던졌고 허 과장도 따라 던져 넣었다. 쇠 봉돌의 무게로 자새의 줄은 계속해서 풀려나갔다. 얼마 안 있어 바닥에 봉돌이 닿는 느낌이 왔고 팽팽하게 내려가던 줄이 느슨해졌다. 허 과장은 평기가 일러준 대로 자새의 줄을 조금 감아 낚싯줄이 팽팽해지도록 유지했다. 파도에 낚싯배는 조금씩 흔들리고 그로 인해 봉돌이 바닥에 닿았다 떨어졌다 하는 느낌이 낚싯줄을 통해 전달됐다.

허 과장은 저 심연에 어떤 물고기들이 살고 있을까 상상했다. 어마어마하게 큰 물고기가 있을 것 같았다. 망망대해에서 가느다란 줄 하나로 물고기를 잡는다는 것 자체가 신기했다.

"왔다!"

평기가 소리치면서 릴*의 핸들을 돌리기 시작했다. 낚싯줄이 감기는 게 보였다. 평기의 낚싯대 끝이 밑으로 숙어져 가끔 큰 폭으로 처박히기를 반복했다. 무엇이 낚인 걸까? 잠시 후 수면에 시커먼 그림자가 비쳤다. 우럭이었다. 번쩍 고기를 들어 올린 평기가 40센티미터 정도 되는 우럭의 주둥이에서 바늘을 빼내며 천진난만하게 웃었다. 그때 "아싸! 물었다"하는 소리에 돌아보니 서너 명의 낚시인들이 낚싯대를 한꺼번에 세우고 열심히 릴을 감아대고 있었다.

"우럭 떼를 만났어. 서둘러야 돼. 물고기는 하루 종일 낚이는 게 아니야. 지금처럼 고기 떼를 만나거나 고기들의 먹성이 좋을 때 많이 잡아놓아야 해."

평기는 우럭 입에서 빼낸 바늘에 미꾸라지가 그대로 달려 있는 것을 확인하고는 새 미끼로 갈 시간도 아깝다는 듯 얼른 다시 채비를 집어넣었다. 그 순간 허 과장의 낚싯줄이 팽팽해지더니 낚싯줄이 끌려가는 느낌이 왔다.

"평기야, 왔어 왔어!"

깜짝 놀란 허 과장의 외침에 돌아본 평기는 피식 웃더니 "그건 물고기가 아니라 암초에 걸린 거야. 잠깐 기다려. 내가 빼줄게"라며 자신의 낚싯줄을

---

*릴(reel) : 낚싯줄을 풀고 감는 기계식 도구. 낚싯대와 한 세트를 이룬다.

감아 들였다. 그때, 자새를 들고 어쩔 줄 몰라 하는 허 과장 옆으로 한 사람이 다가와 자새를 달라고 하더니 낚싯줄을 움켜쥐고 당겨서 끊어냈다. 그 사람은 자새를 허 과장에게 건네주고는 다시 앞쪽 갑판으로 가서 다른 낚시인들을 도와주었다.

"저 사람은 누구야?"

"이 배의 사무장이야. 낚시도우미 선원이라 생각하면 돼."

낚시를 시작한 지 2시간이 지났는데 허 과장은 한 마리도 낚지 못했다. 평기는 네 마리를 낚았다. 남들은 잘 잡는데 혼자서 못 잡고 있으니 부아가 났다.

'머리 식히러 왔는데 고기를 못 잡으니 이것도 스트레스네.'

이때 허 과장의 낚싯줄에 쿡쿡대는 느낌이 들었다. 또 밑걸림인가 싶어 살짝 당겨보니 여전히 쿡쿡하는 생동감이 느껴졌다. 가슴이 벌렁벌렁 뛰었다.

"나도 잡은 것 같아!"

평기는 천천히 낚싯줄을 감으라고 말했다. 낚싯줄을 당기며 자새에 줄을 감는 동안 계속 내리박는 느낌이 들었다. 지금까지 경험해보지 못한 독특한 느낌. 이게 낚시인들이 말하던 '손맛'이라는 건가?

마침내 물고기가 올라왔다. 우럭이었다. 허 과장은 자신도 모르게 함성을 질렀다. 난생 처음 물고기를 잡은 것이다. 갑판 위로 올라온 우럭은 초보자에게 잡힌 게 분하다는 듯 펄떡펄떡 뛰어다녔다.

"축하해. 바다낚시를 처음 와서 두 시간 만에 우럭을 잡아내다니, 대단한걸."

평기가 허 과장에게 우럭을 들어보라고 하더니 그 모습을 핸드폰으로 촬

영했다. 여전히 힘이 남아 펄떡이는 우럭을 두 손으로 움켜쥔 허 과장의 얼굴은 발갛게 상기되어 있었다.

● ● ●

오전 11시가 넘어서자 우럭이 낚이는 빈도가 급격히 줄었다. 배는 포인트를 두 번 더 옮겨 다녔지만 아침 첫 포인트보다는 못했다. 허 과장에게 더 이상의 입질은 없었다. 자새를 들고 낚싯줄을 풀고 감는 것을 자꾸 반복하다 보니 힘이 들었다. 다른 낚시인들을 보니 낚싯대에 릴을 장착해 쓰고 있는데 줄을 감고 푸는 것이 매우 쉬워 보였다.

'바다낚시를 하려면 낚싯대와 릴이 있어야겠군.'

허 과장은 평기가 쓰는 낚싯대를 잠시 들어보았다. 낚싯대가 생각보다 가벼워서 깜짝 놀랐다. 릴을 감아보니 자새보다 훨씬 빠르고 편하게 줄이 감겼다.

'이래서 돈을 들여 낚시장비를 사는 거구나.'

여름바다의 햇살은 뜨거웠다. 평기가 왜 긴 소매 옷을 준비하라고 했는지 알 것 같았다. 덥다고 반팔이나 반바지 차림으로 배에 탔다면 햇볕에 화상을 입었을 것이다. 사무장이 배 안에서 점심식사를 준비했다. 사무장이 틈틈이 낚은 우럭 네 마리로 회를 뜨고, 뼈와 머리는 매운탕 솥에 넣었다. 이미 자연산 우럭 회를 맛본 허 과장은 벌써 입에 침이 고이는 것을 느꼈다.

"식사하세요."

스무 명의 낚시인들이 한자리에 모였다. 몇몇 낚시인이 아이스박스에서 시원한 맥주와 소주를 내놓았다. 허 과장은 우럭 회를 한 점 집어 된장에 찍은 후 입에 넣었다. 우럭 살이 더 탱탱한 것 같았다.

"와~ 이거 얼마 전에 카페에서 먹은 거하고는 차원이 다른데. 더 싱싱하고 쫄깃해."

"당연하지. 이렇게 배 위에서 갓 낚은 우럭을 먹을 수 있는 사람은 낚시인뿐이라고."

회는 금방 동이 났다. 맑은 국물의 매운탕도 별미였다. 바다 위의 오찬은 끝나고 낚시인들은 다시 낚시자리로 돌아가 오후낚시를 준비했다.

우럭의 표준명은 조피볼락으로서 볼락류 중에서도 대형 물고기에 속한다. 차가운 물을 좋아해서 한류의 영향을 받는 곳에 많이 모여 사는데 남해안에서도 일부 낚이긴 하지만 어자원에 있어서는 역시 서해가 최고를 자랑한다. 수심 10~100m 연안 암초밭에 주로 서식하며, 야간에는 분산하여 중층으로 떠오르기도 하지만 낮에는 무리를 지어 바닥 부근에 머문다. 멸치 등 작은 어류나 새우, 오징어를 먹는다. 가파른 골짜기나 암반 지대에 큰 씨알이 서식하며 먼 거리를 이동하지는 않는다고 알려져 있다. 산란은 4~6월에 이뤄지며 암컷은 35cm, 수컷은 28cm 정도가 되어야 번식을 시작한다.

펄떡,
펄떡!

최고의 인프라 갖춘 배낚시의 메카

인천항 가이드

서울에서 가장 가까운 바다인 인천항은 전국 제1의 배낚시 메카다. 인천항은 외항, 내항, 남항, 북항, 이렇게 네 개의 부두로 구성되어 있다. 그중 대형 선박이 접안하는 부두는 외항이며 낚싯배가 출항하는 부두는 내항, 남항, 북항이다. 세 항구에서 운항하는 낚싯배 수는 약 70척인데 남항부두에 가장 많다. 내항은 흔히 연안부두라고 불리고 북항은 만석부두라 불린다.

바다낚시 성수기인 5~9월이면 주말마다 2천여 명이 인천항의 낚싯배에 오른다. 각 항구마다 낚시점, 슈퍼마켓, 편의점이 있고, 낚은 고기를 요리해주는 식당에 이르기까지 배낚시에 관한 완벽한 인프라를 갖추고 있다.

낚시중심항인 남항엔 40명 가까이 탈 수 있는 대형 낚싯배부터 10명 미만 정원의 소형 낚싯배까지 있다. 배들이 정박해있는 부두가 100여m로 길게 뻗어있고 그 앞엔 주차장이 있다. 주차장 앞 도로는 제1, 제2 경인고속도로와 연결되어 있다. 해양경찰서가 있어서 입출항 관리와 치안을 담당하고 있고 부두 주변 수협공판장에선 수산물을 싼값에 구입할 수도 있다.

●인천항의 배낚시 상품 네 가지

배낚시 상품은 항해거리에 따라 근해형과 먼바다형으로 나뉘고, 낚시시간에 따라 하루종일형과 시간제형으로 나뉜다. 기본 상품은 오전 5~6시부터 오후 2~3시까지 낚시하는 종일형과 근해형이다. 낚시터까지 가는 데만 3~4시간 소요되는 먼바다 출조는 비정기적 상품인데 선장이 예약단계에서 미리 알려준다. 멀리 나갈수록 조과는 낮지만 뱃삯은 더 비싸다.

● 종일 근해형 낚시

가장 보편적인 출조* 방식이다. 출항하면 아침식사를 제공받는데 라면이나 국수 혹은 죽이 나온다. 낚시 포인트까지 가는 데 2시간 정도 걸리며, 얕은 섬 주변에서 낚시하는 경우가 많다. 뱃삯은 7만원.

● 시간제낚시

출항 후 낚시를 하고 귀항하는 데까지 5시간 정도 걸리는 상품이다. 온종일 시간을 내기 어려운 사람이나 오랜 시간 배를 타기 힘든 사람들이 이용하면 좋다. 어린이를 동반한 가족낚시 상품으로 인기 있다. 인천항에서 20〜30분 거리에 나가 낚시한다. 뱃삯은 4만원.

● 맞춤형낚시

시간제낚시의 낚시시간이 너무 짧다는 점을 보완한 출조 방식. 시간제낚시에서 2〜3시간 더 낚시할 수 있다. 뱃삯은 5만〜6만원.

● 먼바다낚시

인천항에서 3시간 이상 먼 바다로 나가 낚시를 즐긴다. 먼 바다로 나갈수록 고기의 씨알이 크고 잘 낚인다. 하지만 먼바다낚시는 전동릴* 같은 고급 장비가 필요하고 어느 정도 숙련된 전문 낚시인들이 즐긴다. 낚시를 하는 곳은 수심 100m 안팎의 침선(침몰한 폐선) 포인트나 어초 같은 인공 구조물이 많아 바늘이 자주 걸리는 등 낚시하기가 좀 까다롭다. 뱃삯은 13만원선.

---

*출조 : 出釣. 낚시를 떠남
*전동릴 : 전기의 힘으로 작동하는 릴.

낚싯배와 낚시점은 서로 연계되어 있다. 낚시점은 손님을 낚싯배에 보내주고 낚싯배 역시 손님이 낚시용품 구입을 문의하면 친분이 있는 낚시점을 소개해준다. 아래 소개한 낚싯배들은 모두 홈페이지를 운영하고 있으므로 출조 상품, 예약 현황 등을 파악할 수 있다. 포털사이트 검색창에 낚싯배 이름을 입력하면 검색할 수 있다.

지역번호는 032.

남항

광복유선 883-6628
국제낚시 888-7977
나이스바다낚시 888-4033
남항유선 883-6627
덕적바다낚시 888-8842
백마바다낚시 887-8181
새벽낚시 881-0156
송도낚시 888-8403
신나라유선 882-0141
신연안낚시 887-9988
연안유선 888-2350
연평유선 884-7300
은아호 888-0819
태원낚시 887-8877
하나유선 888-6488
해광유선 882-9217
해동유선 887-3866
해성유선 888-1998
현대배낚시 885-0003
호진낚시 888-0181

연안부두(내항)

고래유선 883-8801
동양유선 888-9938
바다낚시닷컴 888-3007
백령바다낚시 883-0319
새시대유선 881-5170
순덕바다낚시 888-0440
에이스바다낚시 889-2677
우리바다낚시 883-0013
인천배낚시 883-8600
장수바다낚시 887-5181
제일바다낚시 888-0079
푸른바다낚시 889-1900
해양유선 888-9114

만석부두(북항)

갈매기배낚시 765-4191
대성낚시 763-2234
만석낚시 772-1376
명낚시 766-9476
성복낚시 772-2463
아세아낚시 772-5777

위에 소개한 연락처는 현지 사정에 따라 바뀔 수 있으며 아래 주소를 내비게이션에 입력하면 각 항구까지 안내한다.

- **남항부두**—인천광역시 중구 항동7가 100
- **연안부두**—인천광역시 중구 연안부두길 131(인천항 연안여객선터미널)
- **만석부두**—인천광역시 동구 만석동 2번지(부두수산)

멀미약은 배 타기 2~3시간 전에 미리

뱃멀미는 육체적 피로와 정신적 두려움이 합쳐져서 발생한다. 따라서 배를 여러 번 타다 보면 기우뚱대는 배의 움직임에 몸이 익숙해지고 파도에 대한 두려움도 없어져서 멀미를 하지 않게 된다. 낚싯배는 높은 파도를 이길 수 있게 설계돼 있고, 위험한 상황에선 해양경찰에서 출항을 통제하며, 또 해경이 통제하지 않더라도 선장이 판단하여 위험하다 싶으면 출항하지 않기 때문에 일단 바다로 나서면 배와 선장을 믿어도 된다.

배를 처음 탈 때엔 멀미약을 복용하는 게 좋다. 멀미약은 항히스타민제라는 진정제인데 귀 밑에 붙이는 약과 마시는 약 두 가지 중 하나를 택하되 두 가지를 한꺼번에 쓰는 것은 좋지 않다. 멀미약은 배를 타기 2~3시간 전에 붙이거나 먹어야 효과가 있다. 이미 멀미를 시작한 후에는 멀미약이 소용없다. 귀에 붙이는 멀미약은 떼어낸 뒤에도 3~4시간 이상 약효가 지속되므로 철수하기 3~4시간 전에 미리 떼어내야 항구에 돌아올 때쯤 정신이 맑아진다.

뱃멀미를 예방하려면 출조 전 잠을 충분히 자고 아침밥을 든든히 먹어야 한다. 공복감이 없어야 뱃멀미를 덜 한다. 만약 뱃멀미를 하면 선실에 눕거나 갑판에서 머리를 기댈 수 있는 자리를 찾아 편안한 자세로 앉아 있으면 된다. 배가 흔들리면 배와 한 몸이 되어 따라 흔들리게끔 한다. 배가 왼쪽으로 기울 때 오른쪽으로 젖히는 등, 배의 흔들림을 거슬러서 자세를 유지하려고 하면 멀미가 더하다. 일단 멀미를 시작하면 음식을 먹지 않는 게 좋다.

귀 밑에 멀미약을 붙인 낚시인.

온라인 바다낚시

허 과장의 첫 바다낚시는 우럭 한 마리로 끝났다. 오후가 되자 갑자기 바람이 터져서 예정시각보다 두 시간이나 일찍 귀항했다. 고기를 많이 잡아 집에 가져갈 꿈은 무산됐지만 바다낚시에 대한 허 과장의 호기심은 첫 경험 후에 더 강해졌다.

평기의 카페에 들러 짐을 정리하는데, 평기가 오늘 두 사람이 낚은 우럭 다섯 마리가 든 스티로폼 박스를 자기 차에서 꺼내서 허 과장의 차에 실었다.

"이것 가져가서 제수씨하고 아이들하고 나눠 먹어."

허 과장은 깜짝 놀라 손사래를 쳤다.

"야, 네가 애써 낚은 걸 다 주면 어떡해?"

"난 늘 먹는 거지만 너희 가족은 이런 걸 먹어볼 기회가 없었을 것 아냐? 다섯 마리면 너희 네 가족이 먹기엔 충분할 거야."

"나는 회를 뜰 줄도 몰라."

"그럼 두 마리는 굽고 세 마리는 매운탕을 끓여서 먹어. 아이들은 회보다 더 좋아할 거야. 칼로 배를 갈라서 내장을 손으로 끄집어내면 손질은 끝난

거야. 다음엔 내가 회 뜨는 법도 가르쳐줄게. 빨리 가. 얼음이 녹으면 선도
가 떨어져."

평기는 헤어지는 길에 쪽지를 한 장 건네주었다.

"이건 또 뭐야?"

"요즘은 정보화 시대 아냐. 인터넷에 낚시정보들이 많이 올라와 있어. 여
기 적힌 것은 우리나라의 대표적인 인터넷 배낚시 동호회나 낚시정보 사
이트의 이름들이야. 각 사이트에 들어가면 유용한 바다낚시 정보들이 많이
있으니까 심심할 때 들어가 봐."

· · ·

아파트 현관문을 열자 거실에서 장난치던 아이들이 우르르 달려 나왔다.

"아빠, 상자에 들어 있는 게 뭐야?"

"음, 아빠가 오늘 낚시 가서 잡아온 물고기지."

"와, 엄마! 아빠가 물고기 잡아왔대."

부엌에서 나온 아내가 눈이 휘둥그레져서 허 과장을 맞았다.

"친구 따라 낚시 간다더니 진짜 고기를 잡았어요?"

허 과장은 신발도 벗지 않은 채 현관에서 스티로폼박스를 열어 보였다.
스티로폼박스 안에서 우럭 한 마리의 주둥이를 잡고는 높이 들어 가족들에
게 보여주자 "와"하는 탄성 소리가 터져 나왔다.

"와, 아빠가 진짜 큰 고기 잡았어!"

"여보, 이게 무슨 물고기에요?"

"이건 우럭이라고 하는데, 자연산이야 자연산! 횟집에서도 구경 못하는 거지. 오늘 이놈들로 멋진 저녁식탁을 만들어보자고."

"나는 이거 손질 못하는데…."

"걱정하지 마. 손질 정도는 내가 할 수 있으니."

허 과장은 큰소리를 쳤지만 지금껏 물고기를 손질해본 적이 없었다. 단지 배에서 사무장이 매운탕용 우럭을 손질하는 것을 지켜본 게 전부였다.

'별 것 있나? 비늘부터 치고 배 갈라서 내장만 꺼내면 되지.'

씻지도 않고 곧장 부엌으로 간 허 과장은 칼과 도마를 꺼냈다. 배에서 사무장이 목장갑을 끼고 고기를 손질하던 모습이 떠올라 허 과장도 목장갑을 찾아 손에 끼었다. 식칼을 고기의 배 위에 대고 톱질하듯 가른 다음 손을 집어넣으니 뭉클한 내장이 잡혔다. 얼굴을 찡그린 채 내장을 모두 빼낸 다음 수돗물을 틀어 고기 배 속을 깨끗이 씻었다. 처음엔 비위가 상했지만 다섯 마리째 우럭을 손질할 땐 아무렇지도 않게 느껴졌다.

주방 개수대에서 능숙한(?) 솜씨로 고기를 손질하는 허 과장의 모습을 아이들이 신기한 듯 쳐다보고 있었다. 매운탕용 두 마리를 남기고 세 마리는 한 마리씩 비닐백에 넣은 다음 냉장고에 차곡차곡 넣었다. 식탁 의자에 앉아 그 모습을 바라보던 아내가 말했다.

"당신 이런 모습, 처음 봐요."

매운탕 맛은 기대 이상이었다. 생선 매운탕을 끓여본 적 없는 아내는 동태탕을 끓이듯 무와 청양고추, 소금, 고춧가루만 넣고 우럭 매운탕을 끓였는데 깜짝 놀랄 만큼 시원하고 맛있었다. 아내는 탄성을 질렀다.

"국물이 정말 시원해요. 어떻게 이런 맛이 나죠?"

아이들은 큼지막한 우럭 살을 숟가락으로 떠서 정말 맛있게 먹었다. 비리지도 않고 느끼하지도 않았다. 싱싱한 자연의 맛은 아이들이 더 잘 아는 듯했다.

저녁식사 후 서재로 간 허 과장은 컴퓨터를 켜고 평기가 건네준 쪽지를 꺼냈다. 쪽지에 적힌 여러 사이트 이름 중 하나를 검색해서 들어가니 여러 개의 게시판이 달려 있는 메인 화면이 떴다. 회원 가입 절차는 간단했지만 준회원, 일반회원, 정회원, 운영진 등으로 분류되어 볼 수 있는 정보가 등급별로 제한돼 있었다. 공지사항엔 "회원 가입해 정보만 보고 동호회 활동을 거의 하지 않는 회원들이 많아 회원 등급제를 실시한다"는 글이 올라와 있었다. 다른 동호회도 사정은 비슷했다. 어떤 동호회는 가입 후 게시물의 댓글을 다섯 건 이상 올려야 회원으로 인정하는 곳도 있었다.

허 과장은 동호회 훑어보기를 마치고 인터넷 검색창에 '배낚시'를 입력해보았다. 웹문서, 카페, 블로그를 통해 다양한 글과 이미지 그리고 동영상이 올라와있었다. 하지만 너무 많아서 어느 것을 봐야 할지 알 수 없었다.

배낚시 전문 사이트도 있었다. '어부지리'란 사이트였다. 클릭하자 전국의 낚싯배 선장들과 낚시인들이 올려놓은 조황정보(낚시상황이나 결과를 알려주는 정보)들이 보였다. 이 사이트는 회원 가입을 하지 않아도 게시판 글을 읽을 수 있었다. 게시글 중엔 클릭 수가 5천 건에 이르는 것도 있었다. 게시글을 하나하나 열어보면서 사진과 설명, 그 밑에 달려 있는 댓글을 읽는 재미가 쏠쏠했다.

조황정보는 인천, 태안, 군산, 목포, 여수, 통영, 부산, 포항, 강릉 등 전국의 바다에서 올라와 있었다. 수많은 낚시인들이 전국 곳곳에서 배낚시를

즐기고 있었다. 지역별로 낚는 어종도 달랐다. 서해에선 우럭과 광어가 주 어종이었고, 남해에선 갈치, 참돔, 오징어, 고등어를 많이 낚고 있었고, 동해에선 가자미, 부시리를 많이 낚았다. 그밖에 생전 처음 보는 물고기도 많았다.

'바다낚시 어종이 이렇게 많다니! 지역마다 잘 잡히는 고기를 쫓아다니기만 해도 1년이 모자라겠는 걸?'

서해 배낚시 시즌

근해는 5~11월, 먼 바다는 연중

서해 배낚시 시즌은 출항지에서 뱃길 2시간 내의 가까운 바다를 찾는 근해 배낚시와 3~4시간 이동하는 먼 바다 심해 배낚시가 조금 다르다. 근해 배낚시의 시즌은 5~11월이다. 반면 먼 바다 배낚시는 1년 내내 고기가 낚인다. 겨울엔 우럭이 먼 바다로 빠지는데 멀리 공해상까지 나가면 겨울에도 우럭을 낚을 수 있다.

근해·심해낚시 모두 가장 고기가 잘 낚이는 시기는 보리가 누렇게 익어가는 5~6월의 '보리누름'으로서 근해에선 30~50cm 씨알의 우럭과 30cm 전후 크기의 쥐노래미, 40~60cm 광어가 마릿수로 낚인다. 7~9월엔 보구치가 군산, 보령 앞바다에서 올라온다. 먼 바다에선 '개우럭(우럭 크기가 강아지만하다고 해서 붙여진 이름)'이라 부르는 60cm급 우럭도 종종 올라온다. 심해낚시에선 여름엔 대구, 겨울엔 열기가 함께 올라오기도 한다.

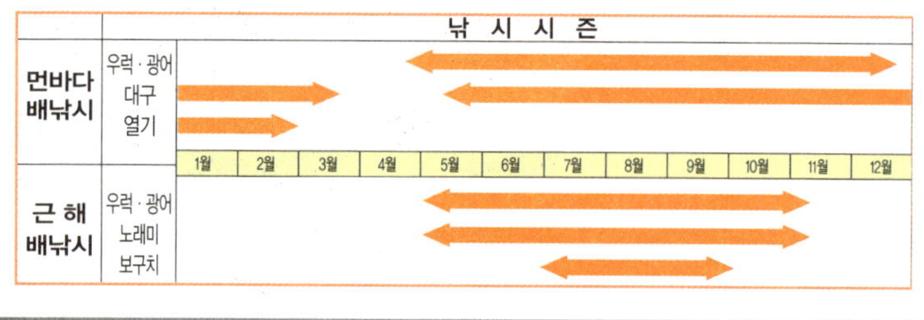

●포털 정보 사이트

인터넷바다낚시 www.innak.kr

종합 바다낚시 정보 사이트. 조황, 기법, 제품 정보 등을 볼 수 있으며 게시판을 통해 궁금한 사항을 질문하고 답변 받을 수 있다. 쇼핑몰을 함께 운영.

디지털바다낚시 www.dinak.co.kr

종합 바다낚시 정보 사이트. 조황, 기법, 제품 정보들이 올라와있으며 동호회 활동도 할 수 있다. 쇼핑몰을 함께 운영.

●배낚시 사이트 & 동호회

어부지리 www.afishing.com

배낚시 전문 정보 사이트. 배낚시 정보로는 최대 규모를 자랑한다. 지역별 낚싯배 선장들과 낚시인들이 올리는 조황 정보를 한눈에 파악할 수 있고 장비, 기법 자료들도 잘 정리되어 있다.

싱글라인코리아 cafe.daum.net/slkor

최대 가입 회원 수를 자랑하는 배낚시 동호회. 회원 조행기 외에 지역별 조황을 볼 수 있다.

피싱리더코리아 cafe.daum.net/flk

싱글라인코리아와 더불어 배낚시 대표 카페로 통한다. 조행기, 갤러리, 수다방 등 회원들이 머물 수 있는 콘텐츠들이 다양한 게 장점.

갯바위원투바다낚시 cafe.naver.com/ksm60111

2013년 현재 9만여 명의 회원을 갖고 있는 원투낚시 대표 카페. 수도권 바다를 비롯해 동서남해안의 원투낚시 조황 정보를 얻을 수 있고 배낚시, 바다루어낚시도 활성화되어 있다.

선상낚시동호회 cafe.daum.net/sndk

수도권을 중심으로 활동하고 있는 배낚시 동호인들의 카페다. 동서남해 배낚시 정보와 기법 자료를 얻을 수 있다.

선상루어닷컴 cafe.naver.com/hhh1007

생미끼 대신 루어를 사용해 배낚시를 즐기는 동호인들의 모임. 우럭, 광어, 농어가 주 대상어다. 바다루어 관련 기법도 상세히 소개되어 있다.

바다좌대 바다낚시 cafe.naver.com/badajd

배낚시, 바다좌대낚시, 원투낚시를 즐긴다. 전문낚시보다 일반인들이 쉽게 즐길 수 있는 낚시 위주로 활동을 펼치고 있다. 입문자용 자료가 잘 정리되어 있다.

●기타 바다 정보 사이트

기상청 www.kma.go.kr

바다낚시에 필요한 해양날씨 정보를 얻을 수 있다. 출항지별 바다 날씨를 최근 2~3일, 일주일, 보름으로 나눠 검색할 수 있어 낚싯배를 예약할 때 필수적으로 들러봐야 할 사이트다.

국립해양조사원 www.khoa.go.kr

국립해양조사원은 바다낚시에 필요한 조석(潮汐=물때) 정보 외에 해도와 해류 등의 해양 정보를 제공하고 있다.

일본 기상청 www.imocwx.com

일본의 기상청 홈페이지이지만 우리나라 바다의 바다 상태도 알 수 있다. 파도의 높이를 컬러로 구분해 놓았기 때문에 바다의 상태를 파악하기 쉽고 풍향도 알 수 있다. 실시간으로 변하는 바다의 상황을 빠르게 업데이트해주는 게 장점이다.

인천 남항부두의 오후. 낚싯배들이 항구로 들어오고 있다.

우럭 배낚시 장비 마련하기

낚시장비를 구입하다

이미 바다낚시에 매력을 느낀 허 과장은 벌써 다음 낚시를 생각하고 있었다.

'바다낚시 장비를 사야겠어. 또다시 엉성한 자새 따위로 우럭낚시를 할 수는 없어.'

집에 돌아와 저녁 식사를 마친 허 과장은 낚시장비에 대해 물어보려고 평기에게 전화를 걸려다 핸드폰을 내려놓았다. 밤 9시. 카페에서 한창 바쁠 시간에 이것저것 물어보기가 미안했다.

서재에 들어가 컴퓨터를 켠 허 과장은 포털사이트 검색창에 '바다낚시 장비'를 입력해보았다. 낚시장비를 카테고리로 하는 쇼핑몰들이 여러 개 떴지만 허 과장이 구입하려는 장비들은 보이지 않았고 낚싯대 외에 잡다한 물건들이 많아 헷갈리기만 했다. 다시 검색창에 '배낚시 장비'라고 입력해보았다. 검색 용어를 구체적으로 입력하니 비로소 필요한 정보들이 모니터에 떴다. 쇼핑몰과 제품 정보 외에도 묻고 답하기 게시글엔 허 과장처럼 배낚시 장비에 대해 묻는 질문들이 많이 보였다.

허 과장은 답글을 읽다가 고개를 갸웃했다. 입문자인 자신이 보기에도 답글들이 덜 전문적인 것 같아서 검색 범위를 더 좁혀보기로 했다. 검색창에 '우럭낚시 장비'라고 검색해보니 비슷한 질문과 답변이 보이지만 역시 속 시원한 해답은 보이지 않았다.

'경험 많은 사용자의 질 좋은 장비 추천은 없나?'

마침 자주 들르는 포털 쇼핑몰에 우럭낚시장비 특별 이벤트가 열리고 있어서 들어가 보았다. 일단 구매자 수와 상품평 수가 많은 제품을 검색해 클릭해보았다. 낚싯대와 릴 그리고 낚싯줄이 한 세트로 구성된 제품인데 가격이 5만원을 조금 넘는 정도였다. 낚시 장비가 이렇게 싸단 말인가? 상품평을 보니 평도 괜찮았다.

〈빠른 배송 너무 감사해요. 잘 쓸게요〉〈아직 써보지 않았으나 일단 튼튼해 보여서 만족!〉 일단 사이트 주소를 복사해놓고 다음날 평기에게 물어보기로 했다.

　월말 수금 전쟁을 한바탕 치른 춘추전자 영업부는 다시 평온을 되찾았다. 직원들의 얼굴엔 생기가 돌고 의자에 앉아있는 자세도 여유로웠다. 수금 상황을 체크하며 목에 핏대를 세웠던 부장도 온화한 표정으로 허 과장에게 부서회식 날짜를 언제 잡으면 좋을지 알아보라고 지시했다. 회식 날짜야 이따가 점심시간 때 직원들하고 밥 먹으면서 의논해도 늦지 않을 테고. 허 과장의 관심은 바다낚시 장비에 가있었다. 컴퓨터에 전날 복사해놓은 우럭낚시 장비 세트 판매 사이트 주소를 메일에 옮겨서 평기에게 보낸 뒤 문자 메시지를 보냈다.

　〈바빠? 내가 인터넷을 검색해서 찾은 우럭낚시 장비인데 한번 봐줄래?〉

　얼마 안 있어 '알았다'는 문자 메시지가 왔다. 점심시간이 끝난 뒤 창가에서 따뜻한 햇볕을 쪼이던 허 과장이 졸음에 겨워 눈꺼풀이 무거워지고 있을 즈음 전화벨이 울렸다. 평기였다.

　"네가 말한 사이트에서 장비를 봤어."

　"그래, 어때? 그 정도면 쓸 만한 제품이야?"

　"그런 장비로도 낚시를 할 수는 있지만 낚시장비는 돈을 좀 더 주더라도 처음부터 좋은 장비를 사서 쓰는 게 좋아."

　"사람들이 많이 쓰고 상품평에도 좋다고 올라와 있던데?"

　"비슷비슷한 사람들끼리 주고받는 댓글이나 상품평이야 거기서 거기지. 낚싯대와 릴 세트가 오만원 정도라면 결국 가격 대비해서 좋다는 상품평이 많을 걸? 가격이 착하다는 이유로 많이 구입하는 건데, 처음엔 그걸 사서 쓰다가도 결국 더 나은 장비로 옮겨가게 돼있어. 입문자들이 거칠 수밖에 없는 바꿈질 과정이라고 할 수 있겠지만 나 같은 사부를 곁에 두고 있는 네가 무엇 때문에 그런 시행착오를 사서 해?"

"그럼, 얼마짜리 장비라야 쓸 만하다는 얘기야?"

"네가 찍어준 쇼핑몰의 우럭낚시 장비는 릴이 스피닝릴이더군. 하지만 배낚시용 릴은 스피닝릴보다 장구통릴이 더 좋아. 그리고 낚싯대도 너무 싼 것은 무겁고 가이드*의 내구성이 약해. 낚싯대는 10만원대의 중급 제품을 고르고, 릴도 10만원대의 장구통릴을 구하는 게 좋아. 요즘은 배터리로 움직이는 전동릴을 더 많이 쓰지만 가격이 30만원에서 100만원 정도로 비싸기 때문에 전동릴은 차후에 구입을 고려하면 돼."

"전동릴?"

"릴에 모터를 달아서 전기로 감는 릴이야. 수심이 오십 미터 이상 깊은 곳에선 감고 올리고 하는 일을 손으로 반복하다 보면 힘이 들어. 그래서 요즘은 전동릴을 많이 쓰고 있지. 하지만 전동릴을 쓰더라도 손으로 핸들을 돌리는 장구통릴은 예비용으로 하나쯤 있어야 해. 장구통릴과 낚싯대 세트 구입비용이 20에서 30만원, 그리고 구명조끼와 채비, 소품가방, 아이스박스를 구입해야 하니까 이삼십만원은 더 잡아야 하겠는 걸."

"음, 결국 60만원 정도를 예상하면 되겠군. 그 정도야 쓸 수 있지. 사실 나는 어떤 걸 사야 후회하지 않고 제대로 된 물건을 살 수 있는지 그게 궁

---

*가이드 : 릴대의 각 마디에 달려 있는 링. 이 가이드 속으로 낚싯줄이 통과한다.

금했거든. 인터넷을 검색해보아도 명쾌하게 답해주는 곳이 없더라고. 그래, 구체적으로 어떤 제품을 사야 하지?"

"그걸 지금 말하자면 너무 얘기가 길어지는데… 내가 리스트를 뽑아서 메일로 보내줄게. 그대로 사면 후회하진 않을 거야."

전화통화를 마친 허 과장은 낚시장비 구입에 대해 평기에게 의견을 구한 게 참 잘한 일이라고 생각했다. 평기가 없었다면 상품평만 보고 그냥 구입할 수도 있었다. 한 번 사면 오래 써야 할 낚시장비. 가격을 떠나서 사놓고 후회하는 일은 없어야 하지 않겠는가.

● ● ●

평기에게 우럭 배낚시 장비와 소품 추천 리스트를 받고 인터넷을 통해 그 제품들의 평과 사용기를 두루 살펴보았다. 마지막으로 평기의 조언을 토대로 디자인이나 색상에 대해 최종 결정을 내렸다.

낚싯대는 타 제품에 비해 조금 비싸지만 20만원대의 엔에스 해검V2로 결정했다. '여밭, 침선 등 특성이 다른 여러 포인트에서 두루 사용하는 데 문제가 없다'는 설명과 쇼핑몰의 제품 리뷰 평이 좋았다. 2005년에 출시된 모델인데 여전히 인기를 지속하고 있는 것을 보면 그만한 이유가 있을 것이라는 생각이 들었다.

릴은 10만원의 바낙스 OW10000으로 정했다. 묵직한 편이지만 단단한 프레임으로 내구성이 좋다는 게 장점으로 꼽혔다. 잔 고장이 거의 없고 제조사의 애프터서비스에 대한 평도 좋았다. 역시 2005년에 출시된 올드 모델

고민…고민…
고민…
헉!

이지만 꾸준히 사랑받아온 스테디셀러라는 게 결정적 구매 요인이 되었다.

낚싯대와 릴을 정하고 나니 그 다음으로 큰돈이 들어가는 품목은 아이스박스와 구명조끼였다. 아이스박스는 일본제품에 전혀 뒤지지 않는다고 평판이 자자한 해동조구 24리터 제품으로 결정했다. 색상은 네 가지였는데 블루를 골랐다. 가격은 12만원. 구명조끼는 주머니가 많고 디자인이 마음에 드는 7만원대의 바낙스 부력재 타입 구명조끼를 골랐다.

한편 낚싯줄은 평기가 강력 추천한 서픽스 고어832 6호를 샀다. 내마모성이 우수해 오래 쓸 수 있다고 한다. 가격은 6만5천원.

다음은 소품. "소품은 중상가라도 큰 부담이 되지 않기 때문에 상급 제품을 고르라"는 평기의 말을 따랐다. 먼저 소품가방(태클백)은 시선21의 20리터 제품을 골랐다. 평을 보니 20리터보다 작은 것은 수납공간이 모자라고 더 큰 것은 불편하다는 의견이 많이 올라왔다. 방수가 되고 지퍼가 잘 부식되지 않는다는 설명도 있었다. 가격은 5만원.

플라이어*는 평기가 쓰고 있는 것과 같은 라팔라 피셔맨 플라이어를 샀다. 한 손으로 다룰 수 있으면서도 26호 이상의 큰 우럭바늘까지도 잡고 떼어낼 수 있다고 한다. 가격은 1만5천원.

낚싯줄을 자르는 데 쓰는 라인커터는 손톱깎기형, 쪽가위형, 가위형 등이 있는데 굵은 합사도 쉽게 자를 수 있는 가위 타입을 선택했다. 라팔라 제품이 절단면의 가공이 우수하고 맞물림이 견고해서 합사와 나일론사를

---

*플라이어(집게) : 물고기 입에서 낚싯바늘을 빼거나 줄을 자를 때 또는 낚시편대와 같이 금속제로 만든 채비 소품을 다룰 때 등 다용도로 쓴다.

자르는 데 모두 적합하다고 해서 선택. 가격은 6천원.

도래나 부력구슬 등을 수납하는 소품박스는 낚시인들이 가장 많이 쓰고 있는 플라노 2단 케이스로 결정했다. 가격은 7천원.

마지막으로 남은 것은 다용도로 사용할 칼이었는데 여기서 조금 갈등이 있었다. 너무 싼 것은 제 기능을 할까 싶었고 비싼 것은 너무 비싸서 고민하다가 이것 역시 결국 평기의 조언을 구해 우드 손잡이가 달린 2만원짜리 버클리 회칼을 샀다. 평기의 추천평. "회칼이지만 오징어채나 기타 생미끼 손질에도 적합해. 피 빼기 용도로도 사용할 수 있고 나무 손잡이가 달려 있어서 물에 닿아도 미끄럽지 않아서 좋아."

이렇게 해서 구매 리스트를 정하니 총 지출 비용은 아래와 같았다.

낚싯대 N·S 해검V2	20만원
릴 바낙스 OW10000	10만원
낚싯줄 서픽스 고어832 6호	6만5천원
아이스박스 해동조구 24리터	12만원
구명조끼 바낙스 부력재 타입	7만원
소품가방 시선21의 20리터	5만원
플라이어 라팔라 피셔맨	1만5천원
라인커터 라팔라 합사가위	6천원
다용도칼 버클리 우드 회칼	2만원
소품박스 플라노 2단 케이스	7천원

총 65만 3천원

낚싯대 구입 요령
우럭낚싯대의 표준제원

우럭용 배낚싯대는 길이 2.1~2.4m, 무게 200g 전후, 마디수 2절 낚싯대가 표준이다. 우럭용 낚싯대는 무거운 추를 감아 올려야 하기 때문에 굵고 튼튼하게 만든다. 추부하*는 100호 안팎으로 아주 빳빳한 휨새를 보인다.

우럭낚싯대는 낚싯줄을 끼우는 방식에 따라 가이드(Guide)식과 인터라인(Inter-line)식 두 가지가 있다. 일반적으로 가이드식이 쓰기 좋고 또 많이 쓰인다. 인터라인식은 낚싯대 속에 줄을 관통시키는 방식인데, 낚시할 때 줄 꼬임이 없어 편하기는 하지만 줄을 연결하기가 번거롭고 가격도 가이드식보다 비싸다.

***추부하** : 낚싯대에 사용 가능한 최대 추 무게. 1호 추의 무게는 3.75g이므로 100호는 약 375g이다.

외줄낚싯대의 특징과 구성

우럭낚싯대는 외줄낚시(一本釣)용 낚싯대에 속한다.
외줄낚시란 무거운 추를 달아 수직으로 내려서 바닥층
의 물고기를 낚는 방법을 말하며, 외줄낚시 어종엔 우
럭, 열기, 대구, 쏨뱅이 등이 있다. 그중 대표 어종이 우
럭이므로 외줄낚싯대=우럭낚싯대로 통하고 있다.

낚싯대 재료는 80년대 이전엔 유리섬유(글라스 파
이버)를 사용했으나 90년대 이후 가볍고 탄성이 좋은
탄소섬유(카본 그라파이트)로 대체되었다. 탄소섬유에
도 고탄성 섬유와 저탄성 섬유가 있는데, 길고 가벼운
낚싯대를 만들 땐 고탄성 카본섬유를 쓰고, 짧고 무거
운 낚싯대를 만들 땐 저탄성 카본섬유를 쓴다. 고탄성
카본은 가볍고 탄력이 좋아서 조작성은 좋지만 대어가
걸렸을 때 쉽게 부러질 수 있고, 저탄성 카본은 힘은

외줄낚싯대의 구성

조인트–낚싯대 마디를 연결하는 부분. 꽂기식과 뽑기식이 있다. 가이드 낚싯대는 꽂기식이고, 인터라인 낚싯대는 뽑기식이다.
블랭크–카본 시트를 말아 만든 낚싯대의 몸통.
가이드–줄이 통과하는 부품으로서 줄에 걸린 부하를 낚싯대로 분산 전달하는 역할을 한다. 프레임과 링으로 구성되어 있다.
릴시트–릴을 장착하는 곳이다.
손잡이대–그립(Grip)이라고도 한다.

좋지만 길어지면 무겁고 휘청대는 단점이 있다. 그래서 길이는 짧고 힘을 요하는 우럭낚싯대는 주로 저탄성 카본섬유로 만든다.

낚싯대 세척과 보관

카본으로 만든 낚싯대 블랭크는 바닷물에 부식되지 않지만 금속으로 만든 가이드는 바닷물에 녹슬 염려가 있다. 물론 부식에 강한 스텐리스 합금이나 티탄 합금으로 가이드를 만들지만 그래도 부식을 완전히 막지는 못한다. 따라서 낚시 후엔 반드시 민물로 세척해야 한다. 특히 가이드의 발 부분이 녹에 취약하므로 꼼꼼히 살펴봐야 한다. 인터라인 타입의 낚싯대는 여러 번 수돗물을 통과시킨 뒤 마디 부품까지 해체하여 완전히 건조시켜야 구멍이 막히는 트러블을 막을 수 있다.

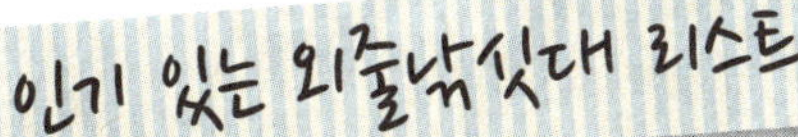

다이와 후네V73

240cm 길이의 선상낚싯대. 부하가 걸리면 전체 길이 중 앞쪽 30% 정도가 부드럽게 휘어지는 연질 특성의 낚싯대지만 100호 이상의 추부하에도 휨새가 유지되는 질긴 특성을 보인다. 가격은 20만원.

동와 발칸오션

우럭 외에도 대구, 참돔, 부시리 등 다양한 어종을 노릴 수 있는 다목적 낚싯대다. 질기고 감도가 좋다. 길이 195cm(접은 길이 103cm), 210cm(접은 길이 110cm) 두 가지 모델이 있다. 가격 195cm 20만9천원, 210cm 22만원.

바낙스 씨어택 레이저

침선 우럭 전용 모델. 부드러운 솔리드 팁에 전체적인 밸런스가 잘 맞고 액션이 자연스럽다. 고급형 후지 릴시트와 가이드를 사용해 전동릴 장착에 적합. 네 가지 모델이 있으며 길이 1.8m~2.25m, 추부하는 모두 50~120호. 가격 17만1천원~19만6천원.

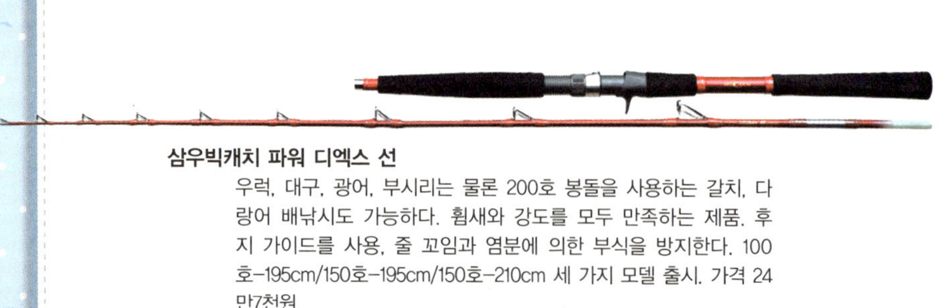

삼우빅캐치 파워 디엑스 선

우럭, 대구, 광어, 부시리는 물론 200호 봉돌을 사용하는 갈치, 다랑어 배낚시도 가능하다. 휨새와 강도를 모두 만족하는 제품. 후지 가이드를 사용, 줄 꼬임과 염분에 의한 부식을 방지한다. 100호-195cm/150호-195cm/150호-210cm 세 가지 모델 출시. 가격 24만7천원.

N · S 해검V2

근해 우럭낚시와 어초, 침선 우럭낚시에 두루 적합하다. 끈끈함과 감도의 적절한 배합으로 어신을 감지하기 쉬우면서도 튼튼하다. 195cm에서 250cm까지 5가지 모델이 있으며 가격은 18만원에서 22만5천원.

N · S 드랙아웃2

100호 추부하에서 뛰어난 감도를 보이는 우럭대다. 무게가 200g 정도로 동급 대비 경량 블랭크를 사용했다. 세 가지 규격 중 210cm 모델이 폭넓게 사용된다. 225cm 모델과 솔리드 타입인 195cm 모델도 있다. 가격은 24만2천원~28만2천원.

유양 만능선

심해 우럭낚시와 근해 우럭낚시에 두루 사용할 수 있다. 초릿대 끝이 유연해서 예민한 입질 파악에 유리하며 허리힘이 강하다. 길이는 2.21m이고, 가격은 24만5천원.

아피스 인터고 해일

고강도, 고탄성의 가벼운 심해 우럭 낚싯대로서 열기대로도 활용할 수 있다. 인터라인 낚싯대. 채비가 잘 내려가도록 내부 마찰을 최소화한 게 특징이다. 길이는 3~3.3m. 추부하 80~100호. 마디수는 3절. 우럭용으로는 3m 길이가 알맞다. 가격은 16만7천원.

용성 드래곤 파이터 210

고밀도 카본으로 제작해 가볍고 인장강도가 좋다. 예민한 어신 감지가 가능하며 손맛도 뛰어나다. 길이 210cm, 마디 수 2절, 접은 길이 110cm, 추부하 40~100호. 가격 13만9천원~15만원.

천류 블루코너 인라인 열기

열기 전용 인터라인 배낚싯대인데 근해 우럭낚시에도 좋다. 2010년 출시. 꽂기, 뽑기 병용으로 조립과 해체가 간편하다. 추부하 50호 330T(길이 3.3m 접은 길이 118cm), 추부하 80호 330T(길이 3.3m, 접은 길이 119cm) 두 가지 모델 출시. 마디 수는 3절. 가격 12만~13만원.

릴 구입하기

릴은 크게 스피닝릴(Spinning Reel)과 장구통릴(양축兩軸 릴) 두 종류로 나뉜다. 장구통릴이 릴의 원형이며 스피닝릴은 멀리 던지기 편한 구조로 개량된 것이다. 스피닝릴은 원투낚시, 찌낚시, 루어낚시 등에 고루 쓰이고, 장구통릴은 감는 힘이 강하여 배낚시에만 주로 쓰인다. 장구통릴의 영명은 컨벤셔널릴(Conventional Reel)인데 그 모양이 장구 같다고 해서 흔히 장구통릴이라고 부른다. 한편 장구통릴에서 던지기 기능을 강화시킨 베이트 캐스팅릴(Baitcating Reel) 릴도 있는데, 루어낚시나 돌돔낚시에 사용된다.

릴의 안전장치, 드랙

릴에는 드랙(Drag)이란 장치가 있다. 드랙이란 큰 물고기가 물어서 릴에 강한 부하가 걸리면 줄이 터지기 전에 릴이 자동적으로 줄을 풀어주는 장치를 말하는데, 드랙 노브라는 다이얼을 조절해서 드랙의 강도를 조절한다. 가늘고 약한 낚싯줄을 많이 사용하는 스피닝릴은 드랙을 많이 풀어놓고 사용하지만, 강한 줄을 사용하는 장구통릴은 대부분 드랙을 잠가놓고 사용한다. 장구통릴의 드랙 노브는 별 모양을 하고 있어서 스타드랙이라고도 부르며, 그래서 장구통릴을 한때 스타드랙릴이라 부르기도 했다.

릴의 성능을 나타내는 용어들

기어비–핸들을 한 바퀴 돌릴 때 스풀이 회전하는 수를 말한다. 4.3:1이면 핸들을 한 바퀴 돌릴 때 스풀이 4.3바퀴 회전한다는 뜻이다. 기어비가 높을수록 줄을 빨리 감을 수 있고 기어비가 낮으면 감는 힘이 좋은 편이다. 배낚시용 장구통릴은 보통 3~5:1의 기어비를 갖고 있다. 참고로 스피닝릴은 그보다 고속인 6:1이 표준이다.

드랙력(조력)–드랙을 최대한 조였을 때 외부의 힘에 의해 풀려나가지 않는 정도를 말한다. 보통 무게(kg)로 표시되며 드랙력이 강할수록 큰 대상어를 다루기 쉽다. 장구통릴의 드랙력은 10~20kg이 보통이다.

자중(自重)–릴의 무게.

표준 권사량(標準 捲絲量)–스풀에 감을 수 있는 낚싯줄의 양. 릴 스풀에 숫자로 인쇄돼 있는데, 가령 '6–350'이면 6호 굵기의 낚싯줄이 350m 감긴다는 뜻이다.

바낙스 TR 7000

충격에 강한 스테인리스 재질. 6호 합사가 350m 감기는 넉넉한 크기의 제품이다. 파워형 핸들이 장착돼있고 손에 착 감기는 T형 노브가 달려있다. 채비가 바닥에 걸렸을 때 줄을 쉽게 끊을 수 있는 스풀 잠금 기능도 있다. 무게는 620g. 7만2천원

바낙스 OW 10000

디자인이 예쁘고 내구성이 좋다. 레드와 블루의 두 가지 모델이 있으며 레드에는 T형 노브, 블루에는 라운드형 메탈 노브가 달려 있다. 대형어의 입질 감지를 도와주는 음향 분리장치가 세팅되어 있는 것도 특징이다. 릴 무게는 620g. 10만원

은성사 딥마스터 300c

깊은 수심의 낚시에 적합한 대형 스풀이 달려 있다. 6호 합사가 400m 감긴다. 무게는 520g으로 크기에 비해 가볍다. 수심을 확인할 수 있는 카운터기가 달려 있다. 9만원

*이 책에 소개하는 낚시용품들의 가격은 판매처에 따라 차이가 있을 수 있다.

오쿠마 마그다프로 45DX

무게가 가벼우면서도 드랙 성능이 우수하기로 평이 나있는 제품이다. 카보나이트 재질의 드랙으로 큰 고기와 힘겨루기를 할 때 유리하다. 수출용이라서 수심 카운터기의 단위가 피트(ft)로 되어 있는데 수입회사인 거상코리아에서 애프터서비스를 받으면 미터(m) 단위로 바꿀 수 있다. 9만원

다이와 아쿠뎁스 플러스 47LC

무게가 425g으로서 가벼운 편에 속하지만 알루미늄 스풀과 황동기어로 제작돼 내구성이 좋다. 힘 전달력이 우수해서 편하게 낚시할 수 있다. 피트(ft) 단위의 수심 카운터기가 달려 있는데 피트로 표기된 숫자를 3으로 나누면 대략적인 미터 수심을 파악할 수 있다. 13만원

시마노 소선 3000

405g의 초경량 장구통릴. 낚싯줄이 감기는 기능이 부드럽다. 오랜 기간 사용해도 잔 고장이 나지 않는 게 장점이다. 권사량은 6호 합사 300m. 핸들의 길이를 조절할 수 있다는 게 특징. 15만원

최근 대세, 전동릴

포인트를 옮기고 있는 낚싯배. 난간에 전동릴을 세팅한 낚싯대들이 보인다.

전동릴은 모터를 내장해 배터리 전력으로 줄을 감는 릴이다. 1990년대에 일본에서 개발되어 우리나라엔 2000년대 초부터 보급되었다. 이후 기술의 발전으로 고기의 움직임에 따라 빠르게 혹은 느리게 자동으로 속도를 바꿔주며 낚인 고기가 수면에 떠오를 즈음엔 릴이 알아서 속도를 줄이다가 저절로 멈추는 단계까지 왔다. 100만원 이상의 일본제 전동릴만 수입되던 예전엔 일부 매니아들의 고급 장비로 취급됐지만 2005~2006년에 30만원 내외의 국산 전동릴들이 출시되면서 요즘은 배낚시 동호인의 90%가 사용하는 장비가 되었다. 아예 전동릴을 구매하여 배낚시에 입문하는 사람도 많다.

전동릴은 비싸다는 것 외엔 장점 일색이다. 외줄낚시는 100호 내외의 무거운 추를 사용하기 때문에 고기를 걸어 올리는 것보다 빈 채비를 수시로 내렸다 올려야 하는 과정에서 체력 손실이 많다. 그런데 전동릴이 그 과정을 수월하게 해결해주기 때문에 우럭낚시, 열기낚시, 대구낚시, 갈치낚시 등 거의 모든 배낚시에서 전동릴이 사용되고 있다.

6호 합사가 300m 감기는 중형 사이즈 많이 써

전동릴도 수동 장구통릴처럼 손으로 핸들을 돌려서 낚시줄을 감을 수 있다. 그러나 핸들은 채비의 미세 조정을 할 때나 전동릴 부하를 초과하는 초대형 물고기를 낚을 때만 보조 역할로 쓴다.

전동릴의 핸들, 드랙조정부, 클러치 등은 수동릴과 같은 구조이고 스풀의 회전속도를 조절하는 스피드레버와 전동릴을 제어하는 버튼, 낚시상황을 알려주는 액정표시판이 추가로 탑재되어 있다.

전동릴은 복잡해 보이지만 '감기' 기능만 주로 사용하고 나머지는 많이 쓰지 않는다. 즉 감기 레버를 조작할 줄만 알아도 낚시하는 데 문제가 없다. 사진의 전동릴은 은성사 옵티머스 700(좌)과 바낙스 카이젠 7000TM이다.

74

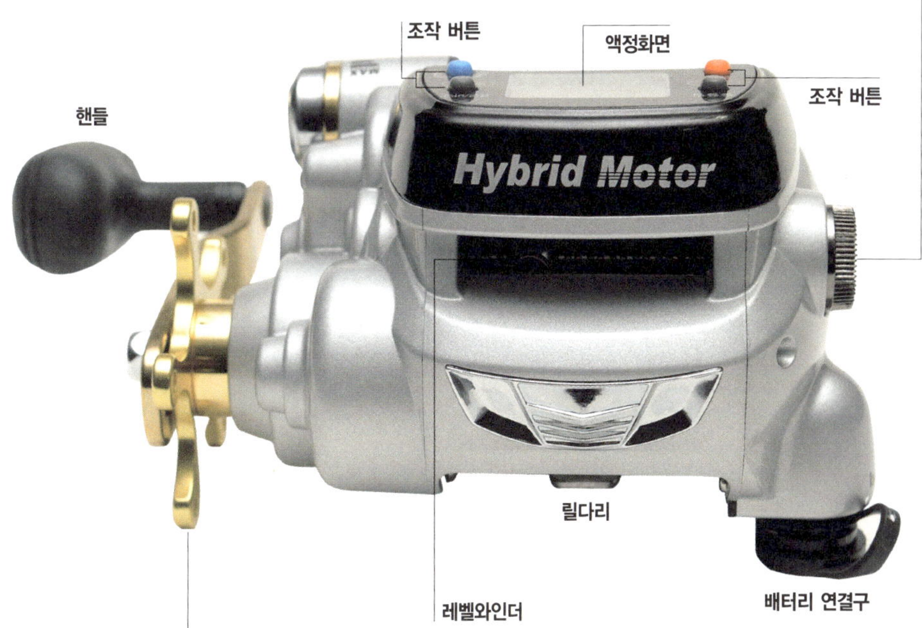

브레이크 노브 – 채비를 내릴 때 스풀이 회전하는 정도를 조절한다.

조작 버튼

액정화면

조작 버튼

핸들

릴다리

배터리 연결구

레벨와인더

스타 드랙 노브 – 노브를 돌려서 드랙력을 조절한다.

전동릴을 세팅한 낚싯대를 뱃전의 거치대에 올려놓았다. 우측 하단의 노란색 도구는 전동릴 전용 배터리다.

전동릴은 크기에 따라 대·중·소로 분류하는데 중형 릴이 가장 많이 쓰인다. 중형 전동릴의 권사량은 6호 합사(PE라인)를 기준으로 300m이며 무게는 600~800g이다. 한편 대형 전동릴은 1kg이 훌쩍 넘는데 갈치낚시와 부시리낚시에 주로 쓰이고, 소형 전동릴은 참돔지깅, 갑오징어 에깅 등 선상루어낚시용으로 쓰인다.

메이커는 한국의 바낙스와 은성사, 일본의 시마노와 다이와, 4개 회사 제품이 99%를 차지한다. 바낙스는 7000번, 은성사는 700번, 시마노는 3000번, 다이와는 500번이 중형 모델로서 각각 이 숫자보다 크면 대형, 작으면 소형 모델이다. 가격은 50만~130만원이다.

전용 배터리도 구입해야

전동릴의 성능을 좌우하는 것은 감는 힘(일본제는 권상력 또는 파워라고 표기)과 감는 속도(권상속도 또는 스피드로 표기)인데 각 제품 설명서의 제원에 표기된 수치를 보면 쉽게 비교할 수 있다.

한편 전동릴의 파워는 매칭한 배터리에 따라서도 달라진다. 전동릴용 배터리는 5암페어 내외의 중용량과 8~10암페어의 대용량 제품이 판매되고 있다. 중형 전동릴은 중용량 배터리로 족한데, 이틀 이상 충전 없이 사용해야 하는 경우에는 대용량 배터리가 유용하다. 배터리 가격은 15만~25만원.

바낙스 카이젠 7000TM

2006년 바낙스의 '카이젠 7000'이 개발된 뒤 카이젠 시리즈는 배낚시 동호인들에게 가장 사랑받는 제품 중 하나가 됐다. 7000TM 은 두 개의 모터가 작동해 많은 힘이 필요한 갈치나 큰 대상어를 상대해도 적절히 대응한다. 최대 감는 힘 50kg, 스피드는 분당 230m, 무게는 800g. 가격은 64만원.

시마노 전동환 3000 플레이즈

배낚시 동호인들이 가장 많이 사용하는 일본 시마노의 전동환 시리즈는 침선배낚시 붐이 일었던 2000년대 초부터 사랑받고 있는 변함없는 베스트셀러다. 전동환 3000 플레이즈는 잔 고장이 없고 내구성이 좋기로 유명했던 3000H의 후속 모델이다. 최대 감는 힘은 29.7kg, 스피드는 분당 240m, 무게는 635g이다. 가격은 55만원대로서 환율에 따라 가격 변동이 있다.

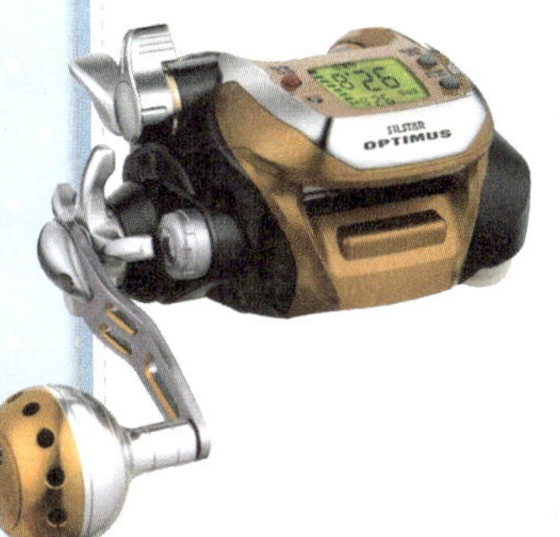

은성사 옵티머스 700

은성사는 2005년 국산 1호 전동릴인 'Adventure 電動 VS 700 HP'를 출시했다. 2000년 초부터 일본의 료비사에 OEM 방식으로 전동릴을 생산 납품하다가 2008년에 매트릭스 시리즈를 선보였다. 부하 변화에 따라 자동으로 대응하는 스피드&파워 자동조절시스템(SPAC)을 탑재했다. 파워는 50kg, 스피드는 분당 200m. 무게 615g. 가격은 58만원.

다이와 시보그 500MT

일본 다이와의 시보그 500MT는 최고 사양의 전동릴로서 감는 힘이 50kg에 달한다. 15kg의 드랙력으로 부시리 등 대형어 낚시에도 활용할 수 있는 모델이다. 전용 배터리를 꼭 사용해야 하는 등 세심한 관리가 필요하다. 최대 스피드는 분당 230m이고, 무게는 805g으로 약간 무거운 편. 가격은 130만원대로서 환율에 따라 변동 폭이 있다.

*이 책에 소개하는 낚시용품들의 가격은 판매처에 따라 차이가 있을 수 있다.

소품 구입 안내

라팔라 서픽스 고어 832 6호(6만5천원)

바낙스 LV 2910(7만원)

HDF 카리스마 24리터(12만원)

낚싯줄

우럭낚시용 장구통릴에 감는 낚싯줄은 합사 6호가 좋다. 6호 정도면 우럭은 물론 큰 대구까지 낚아낼 수 있다. 줄의 색상은 빨간색, 노란색 등 여러 가지가 있는데 어두운 녹색이 고기의 눈에 잘 띄지 않아 좋은 것으로 평가받고 있다.

구명조끼

구명조끼는 부력재를 조끼 안에 삽입한 부력재식과 물에 닿으면 자동으로 공기주머니가 팽창하는 자동팽창식 두 가지가 있다. 자동팽창식은 착용하기엔 편하지만 비싸고 수납공간이 없다는 게 단점이다. 부력재식은 부피가 크긴 하지만 수납 주머니가 달려 있고 가격도 팽창식보다 저렴해 인기가 높다. 선실에 누웠을 때 베개 대용으로 쓸 수 있다는 것도 장점.

아이스박스(쿨러)

낚은 물고기를 담아오는 용도지만 먹을 것과 마실 것을 보관하고 낚시의자 역할도 하므로 배낚시에선 꼭 구입해야 할 장비다. 얼음을 충분히 담을 수 있을 만큼 커야 하고 보냉력도 좋아야 한다. 소형 제품은 피할 것.

소품가방

낚시채비와 봉돌, 가위, 장갑 등 여러 소품을 넣을 수 있는 가방이다. 나중에 루어낚시 등 다른 낚시를 할 때에도 쓸 수 있도록 크기가 넉넉한 게 좋다.

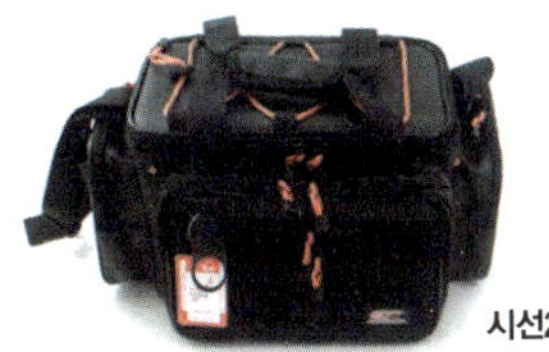

시선21 ST-98(5만원)

플라노 2단 케이스(7천원)

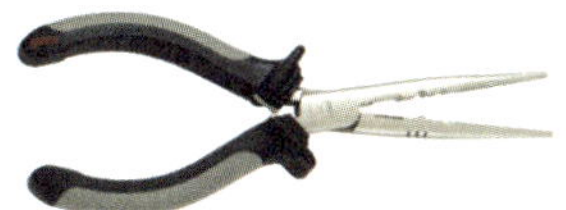

라팔라 피셔맨 플라이어(1만5천원)

라팔라 합사가위(6천원)

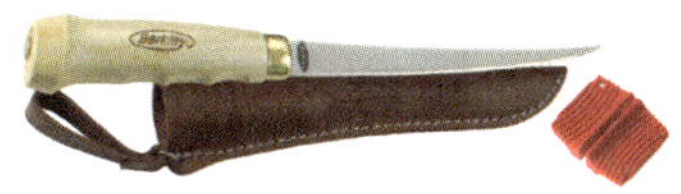

버클리 우드 회칼(2만원)

합사와 단사

낚싯줄은 합사(合絲)와 단사(單絲)로 나뉜다. 단사는 '모노필라멘트(monofilament)'라고도 부른다. 합사는 단사를 여러 겹 꼬아서 합쳐 놓은 줄이다. 단사는 투명하여 바늘에 묶는 목줄의 용도로 많이 쓰이고, 합사는 유연하면서도 튼튼해 릴에 감는 원줄로 사용한다. 최근의 합사는 폴리에틸렌(PE) 소재를 많이 사용하고 있어 흔히 'PE라인'이라고 부른다.

소품박스(태클박스)

스냅도래, 부력구슬 등 작은 소품을 보관하는 케이스다.

플라이어

물고기 주둥이에 박힌 바늘을 뺄 때 사용한다. 그밖에 물고기를 집어서 아이스박스에 넣을 때나 구부러진 채비를 교정할 때도 사용한다.

라인커터

낚싯줄을 자르는 도구다. 여러 가닥이 꼬여 있는 합사는 손톱깎기 크기의 작은 라인커터로는 잘 잘라지지 않으므로 합사 전용 가위가 있으면 편리하다.

다용도 칼

미꾸라지, 오징어살 등 미끼를 자를 때, 낚싯줄 절단, 물고기의 피를 뺄 때, 즉석 회 뜨기 등 다용도로 사용한다.

* 이 책에 소개하는 낚시용품들의 가격은 판매처에 따라 차이가 있을 수 있다.

불량낚싯대 반품 사건

　오늘따라 허 과장은 초조한 기색으로 근무시간 내내 힐끔힐끔 뒤를 돌아보는 일이 많다. 그의 의자 뒤에는 택배 상자들이 쌓여 있다. 어제 주문해 놓은 낚시장비들이 도착한 것이다. 여기저기 쇼핑몰을 열어놓고 가격을 비교해가며 사다 보니 택배 상자가 여섯 개나 됐다. 신입사원 미스 유가 층층이 쌓여 있는 택배 상자를 보고는 눈이 휘둥그레져서 물었다.

　"과장님, 이게 다 뭐에요?"

　"어, 낚시장비를 새로 장만했는데 생각보다 가짓수가 많네."

　"어머, 허 과장님. 낚시를 하세요? 낭만적이다. 언제 한번 저도 낚시 데리고 가줘요."

　"어, 아직은 나도 초보라… 조만간 베테랑이 되면 그때 미스 유도 초대하지."

　오늘따라 유난히 긴 업무시간이 끝나고 허 과장은 택배 상자들을 차에 실었다. 그리고 어서 상자 속의 장비들을 보고 싶은 마음에 가까운 한강시민공원으로 빠졌다. 택배 상자를 하나하나 꺼내서 열어 보았다. 릴과 낚싯대, 아이스박스, 구명조끼, 그밖에 크고 작은 소품들. 모두 맞게 잘 배달되어 왔다. 바닥에 늘어놓은 장비들을 살펴보고 나니 모두 최상급의 물건들만 산 것 같아 뿌듯한 마음이 들었다.

그러나 허 과장은 낚싯대를 조립하려다 당황하고 말았다. 두 토막으로 된 2절 낚싯대를 연결했는데 아무리 힘을 줘도 마디가 꽉 끼지 않고 유격이 남는 것이다. 이거 불량제품을 산 거 아니야? 게다가 낚싯줄을 릴에 어떻게 매어서 쓰는지도 알 수 없었다. 당장 벌모레가 낚시 가는 날인데 장비 조립부터 안 되니 어떡한담? 결국 택배 상자를 다시 트렁크에 넣은 허 과장은 평기의 카페로 차를 몰았다.

● ● ●

"하하, 그래서 이 낚싯대가 불량이라고 가져온 거야?"

낚싯대를 살펴본 평기는 이마를 치면서 크게 웃었다.

"야, 이건 원래 완전히 맞지 않는 게 정상이야. 꽂기식 낚싯대는 마디 사이에 유격이 있어야만 돼."

"무슨 얘기야? 위아래가 딱 맞아야 하는 것 아냐?"

"낚싯대는 열에 의해 조금 팽창하거나 수축하기도 하는데 처음부터 꽉 맞게 만들면 수축했을 때 헐렁해져 빠져버릴 수도 있어. 그리고 낚싯대를 쓰면 쓸수록 이음새 부분이 닳기 때문에 미리 약간 굵게 만드는 거야. 이렇게 끼워봐서 잘 빠지지 않으면 낚시하는 데 아무런 문제가 없어."

"아항, 그런 것도 모르고… 하마터면 무식하다는 소리를 들을 뻔했군."

"자, 낚시장비 구입이 끝났으니까 먼저 릴에 낚싯줄을 감고 그 후엔 낚싯줄을 도래에 묶는 것부터 배워보자고. 꼭 알아야 할 묶음법 세 가지만 익히면 돼. 첫째 릴에 줄 감는 법, 둘째 도래 묶는 법, 셋째 낚싯줄과 낚싯줄을 연결하는 직결법."

꼭 익혀야 할
필수 묶음법 세 가지

1 도래 묶음법
유니노트(Uni Knot)

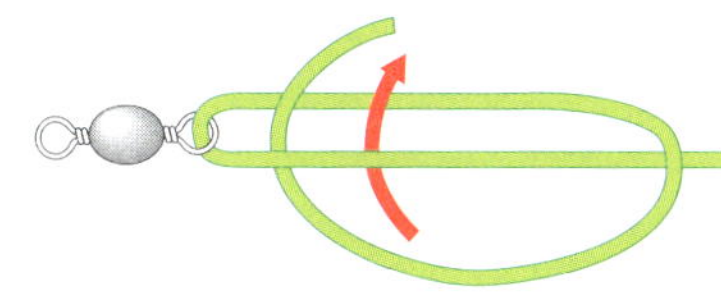

1 도래의 고리 속으로 낚싯줄을 통과시키고 그림과 같이 한 바퀴 돌린다.

2 그림과 같이 본줄과 함께 5~6회 돌려 묶는다.

3 끄트머리 줄을 먼저 당겨서 조이고 본줄을 당겨준다.

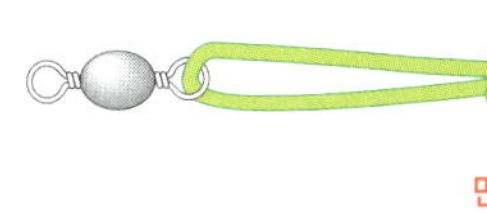

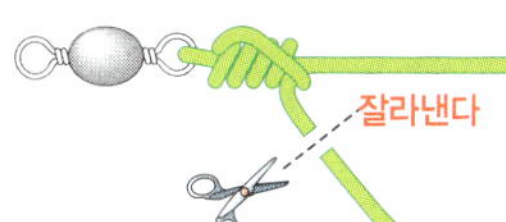

4 매듭이 도래에 바짝 다가가 조여진다. 자투리를 잘라내면 완성.

〈일러두는 말〉

①매듭을 짓는 형태에 의해 '안돌리기'라고 부르기도 한다.
②응용하기 쉬워 줄과 줄의 연결 등 유니 노트의 형식을 사용하는 매듭법이 많다.

피셔맨즈노트(Fisherman's Knot)

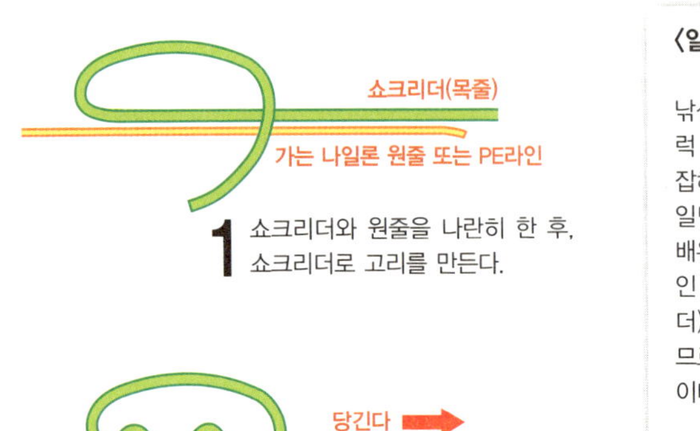

1 쇼크리더와 원줄을 나란히 한 후, 쇼크리더로 고리를 만든다.

> **〈일러두는 말〉**
>
> 낚싯줄 연결법인 피셔맨즈 노트는 우럭 배낚시에선 쓸 일이 많지 않다. 복잡해 보이므로 우럭배낚시만 한다면 일단 패스해도 좋다. 하지만 앞으로 배우게 될 광어 다운샷낚시에선 PE라인 원줄에 굵은 나일론사 목줄(쇼크리더)를 연결해 쓰는 게 낚시하기 편하므로 익혀두면 큰 도움이 되는 매듭법이다.

2 그림과 같이 두 번 이상 돌려 매듭짓는다. 쇼크리더만 양쪽으로 당겨 묶되 가운데로 통과하는 원줄이 꼬이지 않도록 주의해 당겨야 한다.

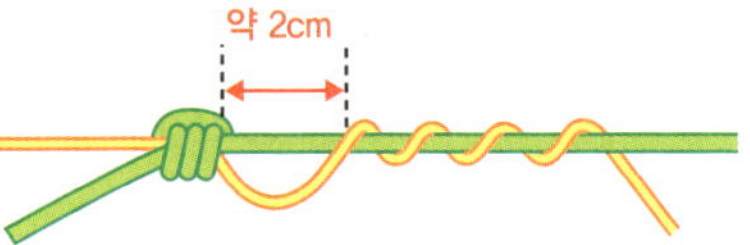

3 원줄을 쇼크리더 위로 4~5회 감되 쇼크리더의 매듭과 1.5cm 이상 여유 간격을 둔다.

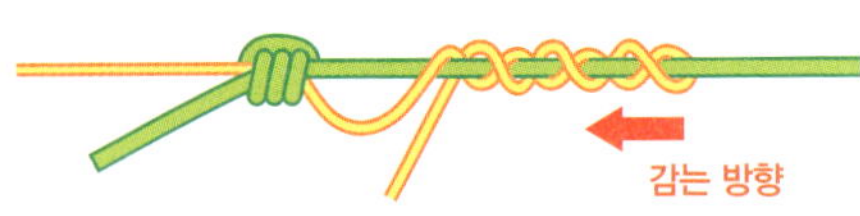

4 원줄을 감는 방향을 바꿔 다시 4~5회 감아 오되 먼저 감은 줄 사이사이를 지나도록 한다.

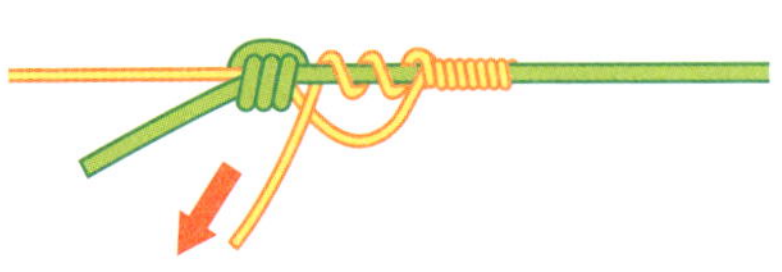

5 원줄 끄트머리를 최초에 여유 간격을 두었던 고리 속으로 넣어 그림과 같이 쇼크리더 위로 두 번 감아준다.

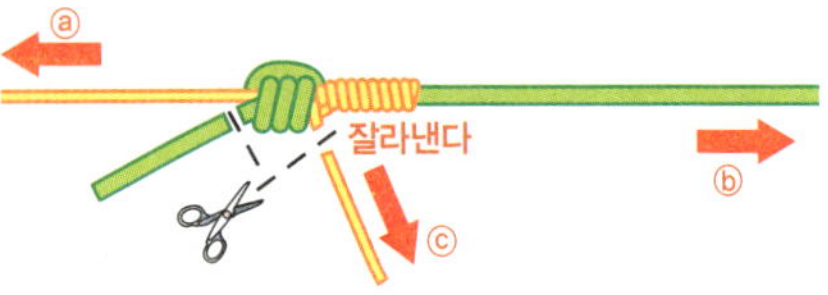

6 ⓐ, ⓑ, ⓒ 세방향으로 매듭이 가지런히 되도록 주의하면서 천천히 당겨 조인다. 쇼크리더 자투리와 원줄 자투리를 잘라주면 완성.

안돌리기 묶음법

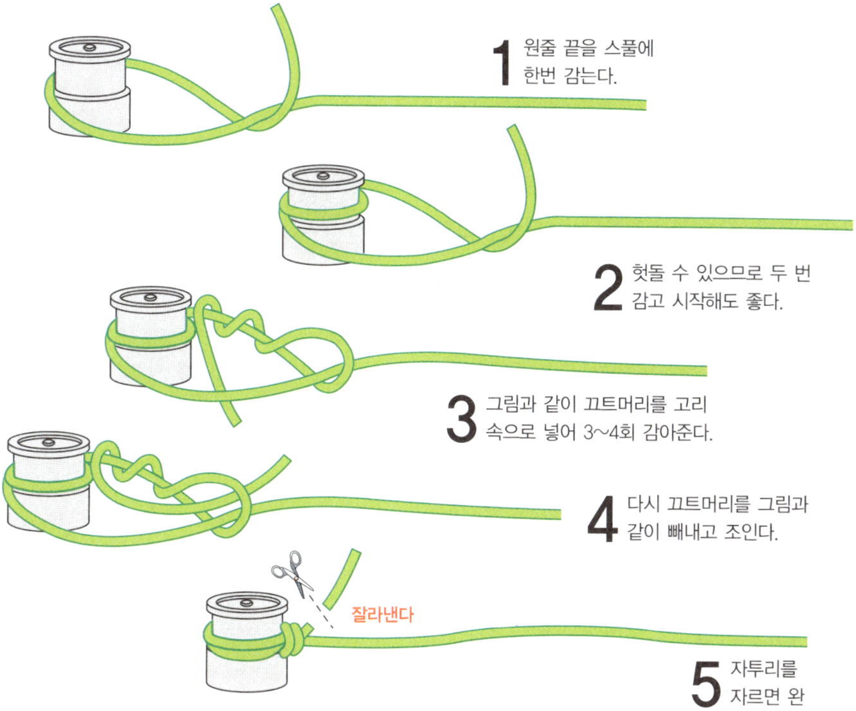

1 원줄 끝을 스풀에 한번 감는다.

2 헛돌 수 있으므로 두 번 감고 시작해도 좋다.

3 그림과 같이 끄트머리를 고리 속으로 넣어 3~4회 감아준다.

4 다시 끄트머리를 그림과 같이 빼내고 조인다.

5 자투리를 자르면 완성.

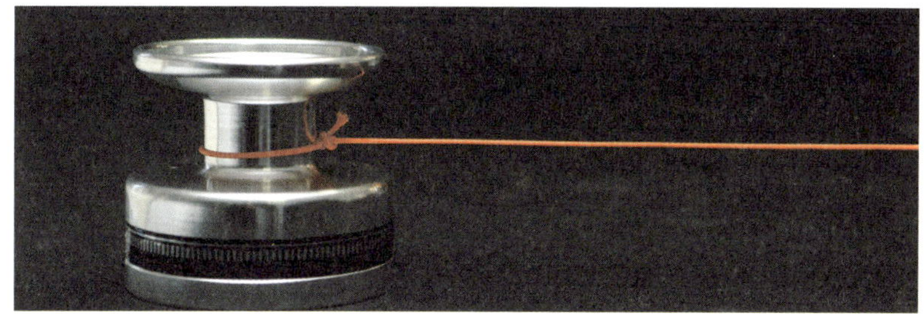

내 장비로
우럭을 낚다

자연산 우럭 회 공수작전

　장인 생신날, 모처럼 처갓집에 모여 저녁을 먹었다. 딸부잣집의 맏사위인 허 과장은 처갓집 방문이 늘 부담스럽다. 성형외과 의사인 둘째 사위와 대기업에 다니는 막내 사위와 자꾸 비교 당하는 기분이 들기 때문이다. 특히 둘째 사위는 지난겨울 장인 칠순 때 장인장모께 500만원을 내놓았다. 허 과장도 나름 큰 맘 먹고 100만원을 봉투에 담아 드렸지만, 마음이 씁쓸했다.

　오늘도 둘째 사위가 회를 좋아하는 장인어른을 위해 전복과 참돔 회를 푸짐하게 사왔다. 돔 중의 돔이라는 참돔. 한 점 먹어보았는데 이상하다? 영 맛이 없었다. 처음엔 기분 탓인 줄 알았다. 그러나 아무리 먹어봐도 달랐다. 근래 평기와 먹었던 회는 사르르 녹아드는 개운함이 있었는데 오늘 참돔 회는 텁텁함이 입안에 계속 남는다. 그때 비로소 평기의 말이 떠올랐다.

　–양식한 물고기와 자연산 물고기의 차이는 인삼과 산삼의 차이야–

　자신도 모르게 젓가락을 놓게 된 허 과장, 맛있다고 회를 먹는 가족들이

측은해 보이기까지 했다. 회를 입에 가져가고 있는 막내 동서를 보면서 말했다.

"박 서방, 자연산 회 먹어봤어? 지금 먹는 양식산보다 훨씬 쫄깃하고 맛있다고."

허 과장의 말에 모든 가족의 시선이 허 과장에게로 쏠렸다.

"형님은 언제 자연산 회를 드셔보셨어요?"

"하하, 아직 몰랐나? 나 한 달 전부터 바다낚시 다니고 있잖아. 이제는 자연산 회를 직접 낚아서 먹지."

장인의 눈이 휘둥그레졌다.

"그래? 그럼 다음에 낚시 가면 잡아서 한번 가져오게나. 나도 자연산 회 좀 맛보게."

장인의 말에 허 과장은 조만간 바다낚시를 떠날 계획이니 그때 오늘처럼 식구들이 다 모여서 자연산 회 파티를 벌이자고 큰소리를 쳤다.

● ● ●

"여보, 무슨 생각으로 그런 제안을 했어요? 낚시라고는 지난번에 난생 처음 가놓고선… 그날도 친구가 다 낚고 당신은 달랑 한 마리 낚았다면서 그 실력으로 무슨 회 파티를 한다는 거에요?"

집으로 오는 길, 술에 취한 허 과장 대신 운전대를 잡은 아내가 걱정스러 운지 물었다.

"걱정 마. 내 친구인 평기가 알고 봤더니 낚시도사더라고. 걔랑 가면 우리 가족이 다 먹을 만큼 물고기를 낚아올 수 있어."

"정말이에요?"

"그럼, 바다낚시가 되게 어려운 줄 알았는데 막상 해보니까 아무 것도 아니더라고. 그리고 평기 말이 내가 낚시에 소질이 있대."

"그래요? 그렇다면 다행이지만…."

"말이 나온 김에 앞으로 제대로 바다낚시를 배워야겠어. 그래서 말인데, 나 낚시장비를 샀어."

낚시장비를 샀다는 허 과장의 말에 아내가 또 놀란 표정으로 바라보았다.

"낚시장비가 얼마나 하는데요?"

"비싸지 않아. 낚싯대하고 이것저것 다 사도 60만원 정도면 충분해. 이제 나도 뭔가 취미를 가져야 할 나이잖아. 너무 일만 하고 살아온 것 같아."

"60만원이 적은 돈이에요? 그보다 난 더 좋은 취미도 많은데 하필 낚시를 한다는 게 마음에 걸려."

"낚시가 어때서?"

"주변 얘기 들어보니까 낚시 그거 한번 빠지면 집안일도 소홀해지고 주말마다 낚시를 가는 통에 부부싸움도 한다던데…."

"그건 너무 광적으로 하니까 그렇지. 당신 나 알잖아. 난 그 정도로 낚시에 빠질 위인이 못돼. 그냥 이따금 바닷바람 쐬고 내가 낚은 물고기로 우리 가족이 맛있게 먹어주면 좋을 뿐이지."

"아녜요. 당신, 의외로 한 가지에 몰입하거나 집착하는 면이 있어요. 스스로 모르고 있을 뿐이지."

아내와 대화를 나누면서 허 과장은 차라리 잘 됐다 싶었다. 60만원이 넘는 낚시장비 구입비용을 어떻게 처리하나 걱정이었는데, 처갓집 회식용 횟감 조달이라는 명분을 얻었으니 당당하게 낚시장비를 내보일 수 있게 된 것이다.

그나저나 장인 앞이라서 큰소리를 치긴 했지만 걱정이 되기는 했다. 딱

한 번 배를 타본 경험이 전부인 내가 어떻게 그 많은 횟감을 낚아오지? 어쩔 수 없어. 평기에게 신세지는 수밖에. 이번엔 더 먼 바다로 나가서 큰 우럭을 왕창 낚아오면 되잖아. 엎질러진 물이다. 그래, 이 기회에 맏사위의 위신을 한번 세워보는 거야!

• • •

"하하하! 큰소리를 단단히 치셨군."

자초지종을 들은 평기는 너털웃음을 터뜨렸다.

"이거 큰일 났어. 자연산 회를 배불리 먹여주겠다고 하긴 했는데 내 능력으로 그게 가능키나 하냐? 좀 도와줘."

"그런데 어떡하지? 조카 녀석이 갑자기 올라오는 바람에 앞으로 한 달간은 낚시를 못 갈 것 같아. 그리 급한 게 아니면 한 달 후에 낚시할 상황을 보고 회파티 날짜를 잡자고."

허 과장의 얼굴에 실망의 기색이 서렸다.

"그래? 할 수 없지. 그나저나 고기를 많이 잡으려면 준비가 많이 필요할 것 아냐. 당장 무엇부터 해야지?"

"낚싯배 예약부터 먼저 하는 게 순서야."

"낚싯배 예약부터?"

"그래. 어느 항구에서 어느 선장의 낚싯배를 타느냐가 가장 중요해. 우리나라엔 낚시어선으로 등록된 배만 1천 척이 넘어. 하지만 그 배들이 다 고기를 잘 잡는 건 아니야. 그중 고기를 잘 잡게 해준다고 소문난 몇몇 낚싯배들은 주말마다 예약이 꽉 차있어서 타고 싶어도 못 탈 정도야."

"낚싯배에 따라 고기를 잘 잡고 못 잡는 차이가 크게 난다고?"

"그럼. 낚싯배에 올라탄 이상 우리는 선장이 데려다주는 바다 위에서 낚시를 할 수밖에 없어. 바다 속 어디에 고기가 많은지 잘 아는 선장의 낚싯배를 타는 게 고기를 많이 잡는 왕도라고. 특히 배낚시는 선장이 중요해."

그렇지! 그렇게 너른 바다에서 고기 떼를 잡는다는 게 쉬운 일은 아니지. 고기가 머무는 곳이나 오가는 길목을 잘 아는 선장의 배를 타야 고기를 많이 낚을 수 있다는 것은 생초보인 허 과장이 들어도 고개가 끄덕여지는 말이었다.

"알겠어. 하지만 고기를 잘 잡게 해주는 낚싯배는 어떻게 알지? 인터넷 조황을 보고 판단하는 거야?"

"아니야. 인터넷에 올라와있는 낚싯배 조황 정보를 곧이곧대로 믿으면 안 돼. 오히려 A급 선장들은 낚시터가 공개되는 것을 꺼려서 조황정보를 인터넷에 올리지 않는 경우가 많아. 선장들도 여러 부류가 있어. 고기는 잘 낚게 해주지만 콧대가 세서 낚시객에 대한 배려가 적은 선장이 있고, 실력은 좀 떨어져도 친절하게 도와주는 선장도 있어. 가령 너처럼 당장 많은 조과가 필요하다면 전자의 낚싯배를 타야겠지만, 뱃놀이 겸 가족낚시를 간다면 후자의 낚싯배가 더 적합하겠지. 보통 인터넷 배낚시 동호회에 가입해 동호회 선배들을 따라가거나 선배 회원에게 쪽지나 문자를 보내서 낚싯배를 추천 받는 게 안전한 길이지."

"흐흠, 나는 너에게 물어보면 되겠군. 하하. 정말 든든한 걸? 네가 추천해주는 배만 타면 되잖아."

허 과장이 전적으로 자신에게 맡기려는 태도를 보이자 평기는 한발 물러섰다.

"하지만 내가 아는 낚싯배가 전부는 아냐. 나는 인천항의 선장들밖에 몰라. 그런데 물고기는 인천보다 더 남쪽의 태안이나 보령, 군산 앞바다에 더 많아. 많이 낚으려면 서울에서 먼 남쪽 출항지로 내려가야 한다는 것이지."

허 과장은 배낚시 하면 인천인 줄 알았는데 더 좋은 출항지들이 남쪽에 즐비하다는 말을 듣고 머릿속이 복잡해졌다.

"그럼, 이번엔 인천 말고 다른 항구에서 낚싯배를 타야 한다는 건가?"

"글쎄…? 수온이 낮은 겨울과 봄에는 남쪽의 출항지로 가는 게 확실히 나아. 하지만 여름과 가을은 서해의 수온이 높은 시기여서 인천 앞바다에도 많은 어군이 형성돼 있어. 이번에도 배는 인천에서 타는 게 좋아."

낚싯배 예약하기

낚싯대와 릴을 구입한 후로는 한시라도 빨리 바다낚시를 가고 싶어 못 견딜 지경이었다. 그러나 평기는 서울에 온 조카 뒷바라지 때문에 4주 연속 출조가 불가능한 상황이라니…. 고심 끝에 허 과장은 평기 없이 단독출조를 감행하기로 결심했다.

평기는 허 과장의 결심을 듣고 '충분히 혼자 가서 우럭을 낚을 수 있을 것'이라 격려하며 여러 가지 필요한 조언들을 해주었다. 집에 돌아온 허 과장은 주머니에서 메모지를 꺼냈다. 평기가 적어준 메모지다. 거기엔 낚싯배 선장과 통화할 때 물어봐야 할 사항들이 꼼꼼히 적혀 있었다.

평기의 메모를 읽은 허 과장은 이렇게 친절하면서 배려심 많은 친구를 곁에 둔 게 고맙고 한편으론 자랑스럽기까지 했다. 어디서 이런 낚시멘토를 만날 수 있단 말인가.

철구, 선장과 통화는 오후 5시 넘어서 하는 게 좋아.

낮에는 배 운항 중이라 선장이 얘기를 많이 나누지 못해.

오후 5시 정도면 대부분 귀항해서 배 청소를 마치고 귀가하는 시간이므로

선장도 편안히 통화할 수 있을 거야. 그래도 모르니 잠깐 통화할 수 있는지

물어보고 여의치 않다면 언제 다시 통화하면 좋은지를 물어봐.

먼저 어디에 사는 누구라고 밝히고 이번 주말에 예약이 가능한지

먼저 물어봐. 예약이 꽉 찼을 경우엔 타고 싶어도 못 타기 때문이지.

예약이 가능하다면, 먼저 조황이 어떠냐고 물어봐.

조황이 아주 나쁠 때를 제외하고는 대부분 그럭저럭 잘 낚인다고 말할 거야.

그럼 다시 한 사람당 몇 마리 정도 낚입니까 하고 물어보는 거야.

아이스박스를 꽉 채웠다고 하는 대답보다 잘 잡는 사람이

삼사십 센티 우럭을 열 마리 정도 낚는다고 하면 솔직한 대답이고

조황도 괜찮은 거라고 할 수 있지. 솔직한 선장이라면

이번 주는 아무래도 상황이 안 좋으니까 다음에 오라는 말을 해주기도 해.

그 다음엔 어디로 가서 낚시하는지, 미끼는 무엇을 쓰는지,

채비는 뭘 사야 하는지, 봉돌은 몇 호를 쓰는지 물어봐.

그리고 선장이 얘기하는 것 그대로 사는 게 가장 좋아.

그리고 배가 몇 시에 출발하는지, 어디에서 만날 건지 얘기하고,

어디로 오라고 하면 그 주변에 큰 건물이나 편의점 등이 있는지 물어봐.

새벽에 간혹 낚싯배를 찾지 못해 헤매는 경우도 있거든.

마지막으로 계좌번호를 물어보고 송금을 하겠다고 말하면

낚싯배 예약을 위한 모든 절차는 끝난 셈이야.

● ● ●

회사로 돌아와 컴퓨터를 켜고 인터넷에 평기가 추천한 '우럭호'와 '갈매기호'를 검색해보았다. 그러자 각 배의 선장이 올려놓은 조황 사진과 낚시인들이 올린 조행기들이 보였다. 꽤 유명한 낚싯배란 것을 알 수 있었다.

갈매기호는 홈페이지도 있었다. 갈매기호가 어제 찍은 조황 사진을 보니 아이스박스가 우럭으로 가득 차있었고 '자월도 앞바다 조황'이라는 메모가 있다. 한 사람의 아이스박스에 든 우럭만 가지고도 10여 명은 배불리 회를 먹을 것 같았다. '자월도가 황금어장이구나' 싶어 지도를 검색해보니 인천항에서 남쪽으로 20km 떨어진 곳이었다.

〈어제 즐거웠습니다〉〈선장님이 친절하게 대해주셔서 초보인 저도 쉽게 고기를 낚을 수 있었어요. 다음에 다시 만나 뵙겠습니다〉라는 댓글도 보였다. 나도 이번에 배낚시를 갔다 오면 이렇게 댓글을 달고 내가 잡은 고기를 들고 사진촬영을 해야지. 생각만 해도 즐거웠다.

먼저 우럭호 선장에게 전화를 해보기로 했다. 신호가 가고, 다소 무뚝뚝한 선장의 말투가 들리자 조금 긴장되기도 했다.

"안녕하세요? 평기 씨 소개로 전화 드렸습니다. 이번 주말에 낚싯배를 예약하고 싶은데 자리가 있나요?"

"평기 씨 소개로? 허허, 이거 어떻게 하죠? 자리가 모두 꽉 차버렸는데. 다음 주에는 자리가 있습니다만…"

순간 당황한 허 과장은 다음에 다시 전화하겠노라 하고 전화를 끊었다. 전화만 하면 바로 예약이 되는 줄 알았는데 자리가 꽉 차서 배를 못 타는 상황도 발생하는구나 생각하니 마음이 조급해졌다. 이러다가 낚싯배도 못 타는 것 아니야? 이번엔 갈매기호 선장에게 전화를 걸었다.

"안녕하세요? 평기 씨 소개로 전화했습니다. 혹시 이번 주말에 탈 자리가 있습니까?"

"예, 마침 한 자리가 비었습니다. 예약을 한 분이 오늘 취소했어요. 지금 예약하시면 됩니다."

허 과장은 비로소 안도의 숨을 내쉬었다. 선장이 불러주는 계좌번호를 받아 적고 입금하겠다고 약속한 뒤 다음 질문으로 넘어갔다.

"홈페이지에 있는 사진을 보니까 어제 조황이 상당히 좋던데요. 어느 정도였습니까?"

"아침에 입질이 쏟아졌어요. 큰 놈이 오십 가까이 되고 삼십 이쪽저쪽 되는 놈이 많이 낚였는데 많이 낚은 사람은 아이스박스를 다 채웠어요."

"어디서 낚시를 했죠? 봉돌은 몇 호를 준비하면 되나요?"

"조금 멀리 나갔어요. 덕적도 못미쳐서 어초 부근에서 했어요. 수심이 한 사십 미터 나왔나? 물살이 세지 않아서 60호 봉돌을 쓰면 될 거요."

"아, 그렇군요. 어디서 만나야 하나요?"

"남항부두 중간에 보면 만선낚시라고 있어요. 거기 부근에 갈매기호라써 붙인 배가 불을 켜놓고 대기하고 있을 겁니다. 아침 여섯 시까지 그 앞으로 오면 됩니다."

"알겠습니다. 요즘 손님들이 많나 봅니다. 자리가 통 안 나는 걸 보니까."

"요즘이 우럭 배낚시 피크시즌인데다 이번 주말이 배낚시에 가장 좋은 조금물때*잖아요. 그러니까 사람들이 많이 몰렸지요. 이번 출조팀은 모두

어초와 침선

우럭을 비롯해 바닷고기들은 뻘이나 모래바닥보다 암초대에 많다. 그 이유는 암초가 은신처 역할을 하고, 미역 다시마 같은 해초들이 뻘보다 암초에 뿌리를 박고 자라기 때문이다. 그로 인해 암초대는 작은 초식동물과 큰 육식어가 함께 살며 먹이사슬을 형성한다.

암초가 없는 심해에는 철골과 콘크리트로 만든 인공 암초를 투하해 물고기들의 서식처를 마련해주는데 그것을 어초(漁礁)라고 부른다. 정부와 지자체는 어자원 육성을 위해 우리나라 연근해에 어초를 정기적으로 투하하고 있다. 이런 어초는 배낚시에서 주요 포인트가 된다. 한편 침선(沈船)은 난파되어 가라앉은 배나 어장을 형성하기 위해 일부러 가라앉힌 폐선인데 어초만큼 훌륭한 배낚시 포인트가 된다.

한 달 전에 예약한 분들입니다. 손님은 운이 좋은 거에요."

전화를 끊은 허 과장은 달력에 낚시 갈 날짜와 시간을 체크했다. 이제 준비가 끝난 것인가?

큰 걱정을 덜어놓은 듯 홀가분하면서도 출전을 앞둔 병사처럼 긴장감도 들었다. 처갓집 식구들에게 회 파티 날짜를 공표했다. 자연산 우럭 회 공수 작전이 드디어 시작된 것이다.

낚싯대 조립과 채비 세팅하기

낚시장비는 배에 오르기 전 모두 분리한 상태로 가져가므로 낚싯배에 오른 뒤 배가 낚시터에 도착하기 전에 장비 조립과 채비 세팅을 마치는 게 좋다. 그 과정을 사진으로 익혀보자.(사진의 릴은 전동릴인데 수동 장구통릴과 세팅 과정은 같다.)

출항지 낚시점에서 구입해야 할 소품들

봉돌–낚싯배 선장 또는 낚시점 사장이 추천하는 무게의 봉돌을 구입한다. 가격은 80~100호 봉돌 기준 4개 1봉지에 5천원.

우럭 기둥줄 채비–5개가 한 묶음이다. 한 묶음에 5천원.

우럭 가짓줄 – 4개가 한 묶음이다. 한 묶음에 5천원.

부력구슬–빨강, 주황, 노랑 세 개 한 세트에 1천원.

미끼–우럭용 미끼로 오징어채(한 곽에 5천원), 미꾸라지(한 바가지에 약 20마리 5천원)를 구입하고 쥐노래미용으로 청갯지렁이(한 곽에 3천원)를 구입한다.

장갑 – 목장갑은 필수다. 엄지와 검지만 노출된 낚시장갑도 하나 장만해보자. 낚시장갑은 2만원선.

로드 밴드–20cm 정도 길이의 밴드로서 두 개가 한 세트다. '찍찍이'가 달려 있어 낚싯대를 쉽게 묶을 수 있다. 가격은 1만원.

낚싯대·릴·채비 세팅 과정

① 로드 벨트(빨간색)로 묶어놓은 2절짜리 낚싯대.
② 로드 벨트를 벗기고 두 토막의 낚싯대를 연결한다. 돌출부위를 한쪽 대 구멍에 삽입한 뒤 두 대를 살짝 비틀며 밀어서 돌출부위가 더 이상 들어가지 않을 때까지 끼워 넣는다.
③ 연결한 낚싯대를 세워서 가이드가 일렬로 잘 맞춰졌는지 살펴본다.
④ 릴 스풀에서 낚싯줄 끝을 집어서 릴의 레벨와인더 구멍으로 낚싯줄 끝이 빠져나오게 한다.
⑤ 손잡이대를 보면 릴시트가 있다. 릴시트엔 위아래로 릴 다리를 끼워 넣을 수 있는 홈이 파여 있다. 릴시트 상단의 나사식 조절 장치를 풀면 릴 다리를 끼울 수 있는 공간이 생긴다. 릴의 레벨와인더가 낚싯대 상단으로 향하게 해서 릴 다리 아래쪽부터 릴시트의 홈에 끼운다.
⑥ 나머지 릴 다리를 끼운 뒤 릴시트의 나사식 조절장치를 조이면 릴이 낚싯대에 고정된다.

⑦ 클러치 레버를 내려서 낚싯줄이 풀릴 수 있도록 한 뒤 낚싯줄 끝을 릴에 가까운 가이드 구멍부터 끼워나간다
⑧ 마지막 가이드(톱가이드)를 통과시킨 낚싯줄을 릴 핸들 위치까지 빼낸 후 클러치 레버를 올리면 낚싯줄은 더 이상 풀리지 않는다.
⑨ 부력구슬의 구멍에 낚싯줄을 꿴다. 부력구슬은 낚시 중 수면에 떠있어 채비의 위치를 파악하기 쉽게 해주고 채비가 가이드로 통과하지 않게 막아주는 역할을 한다.
⑩ 스냅도래(핀도래)를 연결한다. 스냅도래는 낚싯줄과 채비 또는 채비와 봉돌을 연결해주는 소품으로서 사진처럼 스냅(snap 단추)을 열고 잠글 수 있다. 스냅의 반대쪽 도래 고리를 낚싯줄과 연결한다. 연결방법은 낚시묶음법 중 '유니노트(83페이지 참조)'.

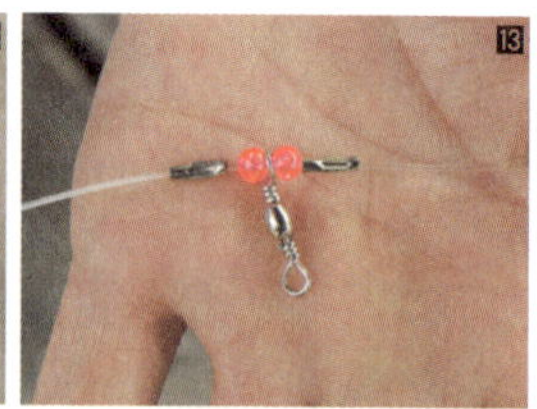
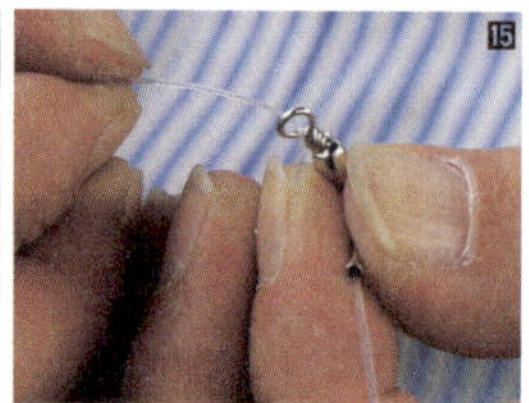

⑪ 우럭채비 기둥줄 세트. 한쪽 끝엔 스냅도래가, 한쪽 끝엔 도래가 달려 있다.
⑫ 도래 부분이 채비 상단이다. 도래를 낚싯줄과 묶은 스냅도래의 스냅과 연결한다. 채비 도래와 낚싯줄 스냅도래를 연결한 모습.
⑬ 채비를 보면 사진처럼 기둥줄에 우럭바늘 가짓줄을 연결하는 도래가 두 개 달려 있다.
⑭ 가지바늘 묶음. 낚시점에서 판매하는 것인데 사진처럼 둘둘 말려 있다. 그중 하나를 빼낸다.
⑮ 가지바늘을 우럭채비 기둥줄의 가지바늘용 도래에 유니노트 방법으로 차례차례 묶는다.
⑯ 기둥줄의 끝부분에 달려 있는 스냅도래를 봉돌 상단 고리와 연결한다.

전동릴 세팅 과정

⑰ 전동릴용 배터리. 12볼트 제품을 쓴다.
⑱ 전동릴 밑에 배터리와 연결해 쓸 수 있는 단자가 있다. 방수용 고무 덮개를 벗긴다. 배터리 연결용 전선 코드를 끼운 후 코드의 고정용 조절 나사를 조여 준다.
⑲ 릴과 연결한 전선 코드는 빨간색과 검정색 두 개의 코드가 있다. 빨간색이 '플러스(+)', 검정색이 '마이너스(−)' 단자인데 대개 배터리엔 빨간색, 검정색 단자가 있으므로 같은 색끼리 연결하면 된다.

릴 조립과 채비 세팅을 모두
마친 우럭 배낚시 장비·채비.

드디어 내 장비로 우럭을 낚다

새벽 3시, 눈을 뜨자마자 허 과장은 핸드폰의 알람음부터 재빨리 껐다. 오늘은 기다리던 출조일. 허 과장은 지난밤 자정이 넘어서야 눈을 붙일 수 있었다. 아빠와 같이 낚시 가겠노라고 떼를 쓰던 둘째 녀석은 밤 10시까지 눈을 부릅뜨고 있더니, 이번엔 같이 낚시할 자리가 없고 다음에 꼭 데려가겠노라는 약속을 받은 뒤에야 잠자리에 들었다. 첫째도 낚시를 따라간다는 것을 근근이 말렸다.

'흐흐~ 귀여운 녀석들, 아빠가 뭘 좀 알아야 너희들을 데려갈 텐데. 나중에는 꼭 데려가마.'

허 과장은 거실에 미리 갖다 놓은 낚시짐들을 준비물을 적은 쪽지와 대조하며 차근차근 살펴보았다.

빠진 것은 없다. 멀미약을 귀밑에 붙인 후 소품가방에 수건과 멀미약, 칼, 선크림, 플라이어를 넣고 스냅도래와 도래가 든 작은 소품케이스와 라인커터는 구명조끼 주머니에 넣었다. 마실 물과 간단한 요깃거리는 가다가 편의점에서 구입하면 된다. 이제 모든 준비가 완료된 것인가?

허 과장은 자연산 우럭을 기다리고 있을 처갓집 식구들을 떠올렸다. 처갓집에서 모이기로 한 시간은 저녁 6시. 인천항으로 귀항하는 시간이 오후 3시 정도니까 돌아올 시간을 생각하면 시간은 여유 있는 편이지만 모든 게 처음이라 솔직히 걱정스럽다. 오늘 고기를 못 낚아오면 처갓집 식구들에게 체면이 안 서는 것은 물론 한껏 기대에 부풀어 있을 아이들에게도 실망을 안겨줄 것이다. 크게 한번 숨을 들이쉬었다.

● ● ●

뻥 뚫린 경인고속도로를 달린 차는 30분이 못 돼 인천 남항부두에 도착했다. 시계를 보니 새벽 4시 30분. 승선 시간까지는 1시간 여유가 있다. 오는 길에 편의점에 들러 음료수와 먹을거리를 사서 아이스박스에 넣어 두었다. 주차장에 차를 넣고 낚시점으로 향했다. 꼭두새벽이지만 항구엔 낚시를 온 사람들이 눈에 많이 띄었다. 이주일 전 평기와 들렀던 낚시점이 보였지만 오늘 갈 곳은 다른 낚시점이다. 허 과장이 타려고 하는 갈매기호는 만선낚시와 연결되어 있기 때문이다. 대부분 낚시점과 낚싯배는 이렇게 연결되어 있다. 낚시점은 손님을 받아 낚싯배에 연결해주고 낚싯배는 손님들에게 아는 낚시점에서 물건을 사게 안내하니 서로 상부상조하는 셈이다. 항구 끄트머리에 낚시점이 있었다. 매장에 들어가 사장에게 갈매기호 예약 손님이라고 말하자 예약 명단을 확인한 사장은 승선명부를 내밀었다.

승선명부를 작성한 허 과장은 낚시점에서 필요한 소품과 채비를 구입했다. 우럭채비와 가지바늘, 봉돌을 샀다. 낚시점주에게 몇 호 봉돌을 사면 되냐고 묻자 "이번 물때는 조금이니까 그렇게 무거운 봉돌을 안 써도 될 겁니다. 60호 봉돌을 챙기면 될 거에요"하고 말했다. 그때 가게 문을 열고 한 손님이 들어왔다. 그는 낚시점 사장과 안면이 있는 듯했다.

"한 주간 잘 있었소? 주중에 몇 번 배가 나갔던데 홈페이지를 보니까 큰 우럭은 별로 안 낚였더군. 물때는 좋았는데….."

"마릿수가 많지 않았을 뿐이지 씨알은 좋았어요. 미꾸라지만 쓴 사람은 자잘한 놈들을 주로 잡고 오징어살 쓴 사람들이 큰 녀석을 잡았죠. 오늘은 미꾸라지하고 오징어살을 함께 가져가봐요."

낚시용품을 둘러보며 두 사람의 대화를 듣고 있던 허 과장의 귀가 솔깃해졌다. 미꾸라지보다 오징어살에 큰 우럭이 낚였다고? 허 과장도 미꾸라지 외에 오징어살을 달라고 해서 구입했다. 사장은 냉장고 문을 열더니 랩에 싸여 있는 작은 플라스틱 곽을 건넸다. 그 안엔 흰색의 오징어살이 큼지막하게 잘려져 있었다. 그런데 허 과장은 오징어살을 어떻게 미끼로 쓰는지 배우지 못했다. 하지만 그렇다고 초보 티를 내기는 싫었다.

"오징어살에 큰 게 나온다면, 미꾸라지는 별 효과가 없나 보죠?"

"아, 그건 아니고요. 가까운 바다에서 얕은 수심을 노릴 때는 미꾸라지를 써야 마릿수가 많고요. 조금 멀리 나가서 깊고 어두운 바다를 노릴 때는 하얀 오징어살이 우럭 눈에 잘 보여서 효과가 좋은 것이죠."

"큰 놈들 상대하는 거니까 오징어살도 큼지막하게 써야겠군요."

"아니요. 평소 쓰시던 대로 손가락 길이만 하게 잘라 쓰면 됩니다."

허 과장은 오징어살과 미꾸라지를 담은 통을 아이스박스에 넣고 근처에 있는 포장마차에 들러서 우동을 한 그릇 시켰다. 낚시를 두 번째 오는 것이지만 그동안 귀동냥이나 조황을 살펴보면서 필요한 낚시지식을 많이 얻은 것 같다. 그리고 어떤 게 중요한 정보인지 파악하는 눈도 생긴 것 같기도 하다. 이런 게 낚시인이 되어가는 과정인가?

● ● ●

어느덧 새벽 5시 10분. 허 과장은 부두에서 갈매기호를 찾았다. 20인승의 갈매기호는 인터넷에서 몇 번 봐서 그런지 금방 찾을 수 있었다. 낚싯배 선장이 부산하게 갑판을 오가면서 출조 준비를 하고 있었다. 허 과장 외에 두 명의 낚시인이 낚싯배 앞에 서있었다. 허 과장은 이틀 전 평기와 나눈 대화를 떠올렸다.

"잘 들어. 낚싯배에도 낚시하기 편하고 또 고기가 잘 잡히는 자리가 있어."

"뭐? 그 조그만 배에서 고기가 잘 잡히는 자리가 따로 있다고?"

"배 앞머리인 선두와 배 뒤쪽인 선미가 다른 자리보다 조황이 좋아. 그러니까 낚싯배에 일찍 올라서 선두나 선미 쪽 자리를 맡아 두라고."

"왜 선두와 선미가 좋은 거지?"

"우럭낚싯배가 암초나 침선 같은 포인트로 들어가면 선두나 선미부터 들어가게 되지. 우럭은 가장 먼저 눈에 띄는 먹잇감을 노릴 거 아냐. 그러니까 선두나 선미 쪽의 낚시인이 먼저 고기를 잡게 되는 거지. 그리고 맨 앞과 뒤에 있기 때문에 다른 사람과 채비가 걸리는 일도 적어."

허 과장은 배에 오르라는 낚싯배 선장의 말이 떨어지기 무섭게 제일 먼저 낚시짐을 들어 올린 다음 뱃머리의 난간 손잡이를 붙잡고 갑판으로 올라 선미 우측에 아이스박스를 놓았다. 뒤이어 승선한 낚시인들도 선두 아니면 선미 쪽부터 차례로 아이스박스를 놓았다.

'여기에도 경쟁이란 게 엄연히 있구나. 인간으로 사는 이상 경쟁사회로부터 완전히 벗어날 순 없는 것인가?'

환하게 불을 밝힌 수십 척의 낚싯배 덕분에 항구는 환했다. 그 불빛 아래서 채비를 세팅했다. 낚싯대를 연결하고 채비를 하는 것은 몇 번 연습했기 때문에 어렵지 않았다. 채비 세팅 완료까지 걸린 시간은 10분. 해양경찰의 승선인원 확인이 끝난 뒤 배에 시동이 걸렸다. 허 과장은 채비 세팅을 마친 낚싯대를 배 난간의 로드홀더*에 꽂아놓고 선실로 향했다. 다시 평기가 당부한 말이 떠올랐다.

조타실엔 선장 외에 두 명의 낚시인이 있었다. 비좁은 조타실에 들어가는 것이 내키지 않았지만 억지로 빈자리를 찾아 섰다. 선장은 위성항법장치(GPS)의 화면을 보면서 키를 이리저리 움직이고 있었다. 화면으로 보니

---

*로드홀더(rod holder) : 낚싯대를 세워놓거나 고정시켜 보관할 수 있도록 만든 거치대.

배는 남항부두를 떠나 남서쪽으로 향하고 있었다. 두 낚시인은 선장과 잘 아는 사이인 듯 편하게 말을 주고받았다.

"오늘은 어디어디에 들를 거요?"

"팔미도 부근은 다른 배들이 많이 다녀갔는지 신통치 않아. 요즘은 잘 나온다고 소문이 나면 금방 어자원이 바닥난다니까."

"그럼 오늘은 조금 멀리 나가겠네요."

"덕적도까지 나가보고 들어오는 길에 가까운 몇 곳을 들러보자고. 가까운 곳에 어초가 있는데 주중에 큰 우럭이 잘 나왔어. 밑걸림이 좀 있으니까 감안해야 돼."

허 과장이 "얼마나 더 갑니까"하고 물었더니 선장은 1시간가량 갈 테니 선실에 들어가 있으라고 했다. 그리고 마이크를 들더니 "아아, 한 시간은 가야 하니까 눈 좀 붙이세요"하고 방송을 했다.

선실엔 낚시인들이 옆으로 포개져서 누워 있었다. 어떻게 빈자리를 찾아서 누웠을까 생각이 들 정도로 틈이 보이지 않았다. 모두 자신의 구명조끼를 베개로 삼고 있었다. 그 틈에 낄 엄두가 나지 않은 허 과장은 선미에 앉아서 멀어져가는 남항부두의 불빛을 한동안 바라보았다. 시원한 바닷바람이 얼굴에 세차게 부딪히고 있었다.

$$\bullet\ \bullet\ \bullet$$

"뿌우우~"

선장이 울리는 버저 소리였다. 포인트에 도착했으니 채비를 준비하라는 신호이자 잠에서 깨라는 신호이기도 하다. 선실에 있던 낚시인들은 후다닥 일어나 주섬주섬 신발을 챙겨 신었다. 허 과장은 선두 쪽에 있는 자신의 아이스박스로 가서 낚싯대를 빼들었다. 목장갑을 끼고 미꾸라지를 꺼내 바늘에 꿰려 하는데 손에서 자꾸만 미끄러져 쉽지 않았다. 두 바늘에 미꾸라지를 한 마리씩 꿴 뒤 주위를 살펴보니 낚시인들은 모두 봉돌을 난간에 얹어놓은 채 선장의 채비 입수 신호를 기다리고 있었다.

"뿌우우~"

입수신호 버저와 동시에 허 과장은 릴의 클러치 레버를 내린 뒤 봉돌을 물속에 던졌다. 채비가 내려가는 게 느껴졌고 얼마 안 있어 봉돌이 바닥에 닿는 느낌이 들었다. 파도는 없었지만 배는 조금씩 앞뒤로 흔들리고 있었다. 낚싯대를 잡고 서있는 것만으로도 자동적으로 고패질*이 이뤄지는 것 같았다.

옆에 있는 낚시인에게 입질이 왔다. 전동릴을 사용하는 그는 감기 레버를 조작하면서 물고기를 끌어올리고 있었다. "위이잉~"하는 소리에 이어 수면으로 떠오르는 녀석은 30cm급 우럭. 낚시인은 플라이어를 사용해 우

---

*고패질 : 바닥에 닿은 봉돌을 살짝 들어서 띄웠다가 다시 바닥에 쿵 하고 내리는 동작의 반복을 고패질이라 한다. 고패질을 함으로써 바닥의 요철을 읽을 수 있고 미끼가 오르락내리락하는 과정에서 물고기의 시선을 끌 수 있다.

갈 매 기 호

력의 주둥이에서 바늘을 떼어낸 뒤 작은 칼로 우럭의 아가미 안쪽을 푹 찔렀다. 왜 우럭을 낚자마자 칼로 찌르지?

그것이 낚은 고기의 싱싱한 상태를 유지하기 위해 아가미 안쪽 동맥을 끊어 피를 뽑아내는 '시메(일본말인데 우리말엔 딱 맞는 표현이 없다)'라는 것을 허 과장이 알 리 없었다. 물고기는 죽으면 피부터 부패하므로 죽기 전에 피를 빼내야 싱싱한 횟감으로 가져갈 수 있다. 죽어버리고 나면 물고기의 심장 박동이 멈추므로 칼로 동맥을 끊어도 피가 빠지지 않는다.

여기저기서 우럭이 올라오고 있었다. 그러나 허 과장에겐 입질이 없다. 선두가 최고의 명당자리라고 하더니…. 허 과장은 미끼를 확인해보았다. 미꾸라지는 그대로 달려 있었고 채비도 이상이 없었다. 다시 봉돌을 집어넣으며 옆에 있는 낚시인에게 "수심이 몇 미터나 되나요"하고 물었더니 "40미터"라고 짧게 답했다.

얼마 안 있어 옆에 있는 낚시인이 또 입질을 받았는지 "윙"하는 전동릴 모터 소리가 들렸다. 이번엔 50센티미터에 가까운 큰 우럭이 올라왔다.

"이상하네. 왜 나한테는 입질이 없는 거지?"

허 과장이 중얼대자 옆자리의 낚시인이 보다 못해 코치를 했다.

"그렇게 낚싯줄이 휘어져 있으면 안 돼요. 항상 팽팽하게 줄을 유지하도록 릴줄을 조금만 더 감아 봐요."

허 과장이 낚싯줄을 살펴보니 과연 여유줄이 생겨 휘어진 상태였다. 낚싯줄을 조금 더 감아서 낚싯줄을 팽팽하게 유지했다. 배의 움직임 때문에 봉돌이 살짝 들리는 것 같더니 다시 내려앉았다. 무엇인가 끌어당기는 느낌. 낚싯대를 세우니 꼼짝도 하지 않았다. 대어를 걸었나 싶어 흥분했지만,

바닥에 걸린 것이었다. 배가 조류에 밀리면서 낚싯대가 점점 휘어졌고 바다 속으로 빠뜨릴 것 같았다. 어쩔 줄 몰라 허둥대고 있는데 사무장이 다가와서 낚싯대를 넘겨받고는 클러치 레버를 젖혀 낚싯줄을 조금 푼 후 목장갑을 낀 손에 몇 번 줄을 감고 잠시 버티자 그제야 줄이 터졌다. 채비를 다시 매야 하는 상황. 아침에 많이 잡아야 한다고 했는데… 허 과장은 마음이 조급해졌다.

• • • •

역시 이론과 실전은 차이가 있다. 집에서 연습할 땐 잘 됐는데 현장에서 채비를 교체하려니 생각처럼 쉽지 않았다. 흔들리는 배에서 작은 도래구멍에 낚싯줄을 넣어 묶으려 하니 어지럽고 멀미도 조금 밀려오는 듯했다. 겨우 채비 세팅을 마치고 미꾸라지를 꿰는데 옆의 낚시인은 오징어살을 칼로 잘라내고 있었다. 그는 윗바늘엔 오징어살, 아랫바늘엔 미꾸라지를 꿰었다. 손놀림으로 보나 연신 우럭을 낚아내는 것으로 보나 그가 경험이 많은 베테랑이란 걸 알 수 있었다. 베테랑의 낚시를 훔쳐보는 눈썰미도 실력이라는 평기의 말이 머리를 스치고 지나갔다. 이 사람에게 물어봐야 오늘의 낚시가 풀리겠구나.

"오징어살을 쓰시네요. 오징어살이 잘 먹히나 보죠?"

"덕적도 부근은 물색이 조금 탁해요. 탁한 물에선 하얀 오징어살이 잘 먹히니까 같이 써보는 거죠."

허 과장은 그제야 자기도 낚시점에서 오징어살을 샀다는 사실을 깨달았

낚시
휙~휙!
갈매기호

다. 얼른 아이스박스에서 오징어살이 든 플라스틱 곽을 꺼냈다. 베테랑 낚시인은 오징어살을 긴 마름모 형태로 검지만 한 길이로 잘라 놓았다. 허 과장도 비슷한 크기와 형태로 자른 뒤 아랫바늘엔 미꾸라지, 윗바늘엔 오징어살을 꿰었다.

버저 신호음을 기다렸다가 봉돌을 던졌는데 이번엔 수심이 더 깊은 것 같았다. 봉돌이 바닥에 닿는 느낌이 들어 클러치 레버를 닫고 낚싯대를 드는데 순간 '토독' 하는 느낌이 왔다. 하지만 그 뒤 아무런 반응이 없다. 베테랑은 채비를 내리자마자 또 우럭을 걸었다. 허 과장은 빈 채비를 회수했는데 수심이 깊어서 빈 낚싯줄을 감아올리는 것도 힘이 들었다. 곳곳에서 울리는 전동릴 모터 소리를 들으면서 왜 전동릴이 필요한지 절실히 깨달았다.

"뿌우우~"

다시 채비를 내렸다. 봉돌이 닿는 순간 클러치 레버를 닫고 집중해서 바닥의 상태를 느끼면서 입질을 파악하기 위해 노력했다. 베테랑이 "암초가 있으니까 조금 감아 올려요"하고 말했다. 그의 말대로 핸들을 몇 바퀴 감는 순간 무언가 잡아당기는 느낌이 들었다. 쿡! 쿡! 당기는 힘이 연속으로 느껴졌다. 허 과장은 릴 핸들을 돌리면서 낚싯줄을 감아 올렸다. 우럭이다! 틀림없는 물고기의 몸부림이 느껴졌다. 베테랑 낚시인은 "천천히 감아 올려요. 낚싯대 휨새로 봐서는 꽤 큰 놈인 것 같은데요"하고 말했다.

일전에 경험해본 것과는 전혀 다른 느낌이었다. 낚싯대로 전해오는 팽팽한 이 긴장감. 이게 진짜 손맛이구나! 마침내 수면으로 올라온 녀석은 한눈에 봐도 엄청 큰 우럭이었다. 그런데 뭐야? 1미터 아래에 또 검은 물체가 보였다. 맙소사, 우럭을 두 마리나 건 것이다. 45센티미터 우럭 한 마리에

35센티미터 우럭!

"축하합니다. 쌍걸이를 하셨군요. 이제야 감을 좀 잡으셨네."

베테랑 낚시인이 축하해줬다. 허 과장은 바닥에 봉돌을 계속 머물게 하는 게 중요하지만 지형에 따라 밑걸림을 피하면서 올리거나 내릴 때에도 입질이 들어온다는 것을 깨달았다. 기본 룰은 있지만 상황은 항상 변하므로 그에 맞게 대응하는 순발력이 필요한 게 바로 낚시였다.

우럭 주둥이에서 바늘을 빼고 아이스박스에 넣으려는 순간, 칼로 아가미를 찔렀던 베테랑의 모습이 떠올랐다.

"저, 아까 칼로 우럭을 찌르던데 왜 그렇게 하신 거죠?"

"아, 그거요. 그건 물고기의 혈관을 칼로 찔러 피를 빼기 위한 거죠. 피가 빠져야 피냄새가 없는 싱싱한 회를 먹을 수 있어요."

그런데 피를 빼는 것도 쉽지 않았다. 아가미뚜껑을 젖히고 몇 번 위치를 물어본 뒤에야 허 과장은 정확히 혈관을 찔러 피를 뺄 수 있었다. 아이스박스에 우럭을 집어넣은 허 과장은 물을 한 모금 마시고 숨을 돌렸다. 무언가 해냈다는 성취감! 드디어 내 낚시장비로 우럭을, 그것도 한꺼번에 두 마리나 낚은 것이다.

멀리 인천항이 시야에 들어오기 시작했다. 오늘 조황은 괜찮았다. 허 과장의 아이스박스엔 우럭이 일곱 마리에 쥐노래미도 두 마리 들었다. 쌍걸이로 스타트를 끊은 뒤로 포인트를 옮길 때마다 우럭을 한 마리씩 낚았다. 함께 탄 사람들의 조황과 비교해도 크게 떨어지지 않는 조황이다. 어선들이 오가는 수평선을 바라보면서 허 과장은 행복감에 빠졌다.

'어부들이 고기를 가득 싣고 돌아오는 만선의 기분이 바로 이런 것이겠지?'

배가 항구에 도착했다. 선장과 인사를 나눈 뒤 묵직한 아이스박스를 들고 배에서 내렸다. 부두의 수위는 새벽에 승선했을 때보다 2미터 이상 올라 있었다. 만조에 가까워지면서 바닷물이 차올라 생긴 현상이다.

시계를 보니 오후 3시. 처갓집 식구들과 만나기로 한 6시까지는 아직 시간 여유가 있다. 만선낚시점에 들러 얼음을 새로 샀다. 아침에 산 얼음은 아이스박스 속에서 거의 다 녹아 있었기 때문이다. 다른 낚시인들도 얼음주머니를 사서 그 안에 있는 얼음조각들을 고기가 들어있는 아이스박스에 쏟아 부었다. 허 과장은 낚시점 사장에게 물었다.

"우럭을 일곱 마리 정도 잡았는데 얼음이 얼마 정도 필요합니까? 서너 시간은 싱싱하게 보관해야 하는데요."

낚시점 사장은 냉장고를 열고 얼음주머니 네 개를 꺼내 주었다.

"이…이렇게 많이 필요합니까?"

"요즘 날씨가 덥기 때문에 물고기의 선도를 유지하려면 이런 각얼음을

얼음
아이~
시원해~

구석구석 채워주어야 합니다. 바닷고기는 민물과 닿으면 살이 물러지는데 얼음이 꽉 차 있을수록 녹지 않기 때문에 물기가 고기 속으로 침투할 확률이 낮죠. 고기는 비닐봉지에 넣고 꽉 묶어서 물과의 접촉을 차단해야 합니다."

낚시점 사장은 친절하게도 직접 물고기를 갈무리해주었다. 비닐봉지를 갖고 와 우럭과 노래미를 담고, 일단 각얼음 한 봉지를 개봉해 아이스박스 바닥에 깔고는 그 위에 고기가 담긴 비닐봉지를 얹고, 나머지 얼음을 모두 쏟아서 그 위를 덮었다. 겉으로 보기엔 각얼음만 가지고 아이스박스를 가득 채운 것 같았다.

아이스박스를 다시 차에 싣고 집으로 출발하는 허 과장은 뿌듯하기만 했다. 자신이 낚아온 바닷고기들을 보고 깜짝 놀랄 아이들과 처가 식구들이 떠올랐다. 오늘은 그간 평기에게 틈틈이 배워온 회 솜씨를 맘껏 발휘해볼 참이다. 사위가 낚아온 자연산 우럭 회를 맛보며 흐뭇해할 장인어른을 상상하며 가속페달에 힘을 주었다.

낚시인들만 아는 비결

바닷고기 싱싱 보관법

1단계–피 빼기

　바닷고기는 낚자마자(죽기 전에) 칼로 동맥을 찌른 뒤 뱃전의 개인 물칸에 넣어두면 5분 안에 피가 모두 빠진다. 그 후에 얼음을 담은 아이스박스(쿨러)에 넣는다. 피를 빼는 시점은 어종에 따라 좀 달라진다. 우럭이나 돌돔처럼 육질이 단단한 고기는 낚자마자 피를 빼 아이스박스에 10시간 이상 냉장 보관해도 살이 탱탱하고 회 맛이 좋지만 광어, 참돔, 농어 등 육질이 무른 고기들은 물칸을 활용해 항구에 도착할 때까지 최대한 살릴 수 있는 데까지 살려뒀다가 피를 빼서 아이스박스에 2~5시간 짧게 보관했다가 회로 먹어야 쫄깃한 식감을 살릴 수 있다. 날씨가 더울수록 고기가 죽은 후 빨리 물러지므로 냉장보관을 잘 해야 한다. 피를 빼는 요령은 다음과 같다.

① 우선 눈 위쪽 관자놀이를 칼로 찔러 고기를 즉사시킨다. 최후까지 요동치다 지쳐 죽는 고기보다 단번에 죽인 고기가 육질이 더 쫀득하다. 일종의 경직 효과를 노리는 것이다.

② 그 다음엔 아가미 뚜껑 안쪽으로 칼을 집어넣어 목뼈에 붙어있는 대동맥을 절단한다. 얇은 흰막 아래 붉은 핏줄이 보이면 그게 대동맥이다. 가장 많은 양의 피가 흐르는 곳이어서 찌르면 피가 솟구치듯 흐른다. 이 상태에서 꼬리를 잡고 머리를 위쪽으로 향하게 하면 머리 쪽 피는 아가미로 빠지고 나머지는 꼬리 쪽으로 몰린다.

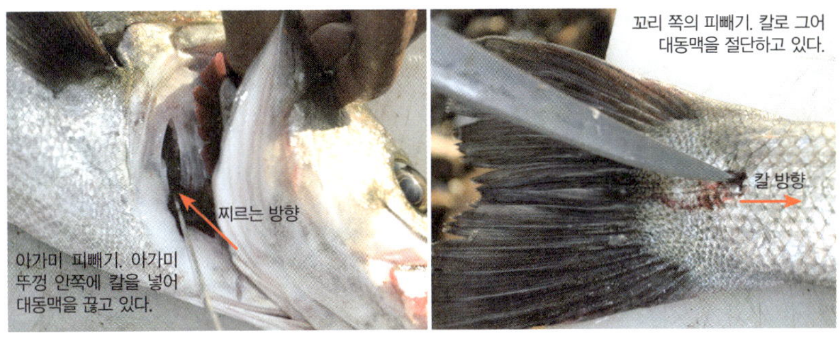

③ 그 다음엔 고기를 내려놓고 꼬리에 있는 대동맥을 절단한다. 대동맥이 꼬리뼈의 밑쪽에 붙어있
으므로 위의 사진에서 보듯 칼을 꼬리뼈의 밑에서 위로 그어 올려야 한다. 이러면 꼬리 쪽으로
몰렸던 피도 완벽하게 빼낼 수 있다. 칼로 꼬리뼈를 내려쳤는데도 피가 나오지 않는 것은 밑쪽
에 붙은 대동맥까지 칼이 닿지 않았기 때문이다.

2단계—얼음에 재기

고기를 싱싱하게 보관해서 집으로 가져가려면 죽자마자 얼음을 담은 아
이스박스에 넣어야 한다. 출항 전 낚시점에서 큰 벽돌 크기의 통얼음을 두
장 구입해 쿨러에 담고 낚은 고기는 모두 쿨러 속에 일단 넣는다. 회항하면
쿨러 속의 고기와 얼음을 모두 꺼내 고기는 비닐백에 담고 남은 얼음은 각
얼음처럼 부수어서 쿨러 바닥에 깐다. 그리고 그 위에 고기를 담은 비닐백
을 얹고 낚시점이나 편의점에서 각얼음을 넉넉히 사서 쿨러를 가득 채운다.
만약 통얼음밖에 없다면 잘게 부수어서 각얼음처럼 만든다.

간혹 집에서 물을 채운 페트병을 얼려서 얼음 대신 사용하는 낚시인도
있는데 페트병 얼음은 냉장 효과가 약하다. 반드시 얼음을 별도로 사야 한
다. 얼음 녹은 물이 고기와 직접 닿으면 회 맛이 떨어지므로 비닐봉지나 지
퍼백 등으로 고기를 밀봉할 필요가 있다. 이때 고기를 신문지나 수건에 싼

뒤 지퍼백이나 비닐봉투에 보관하면 신문지나 수건이 고기의 물기를 흡수해 더 뽀송뽀송하게 보관할 수 있다. 고급 일식집에선 선어(鮮魚)를 냉장 보관할 때 신문지나 수건에 싸는 이 방법을 쓴다.

어쩔 수 없이 적은 양의 얼음으로 냉장해야 할 때는 고기가 얼음 밑에 가게 해야 한다. 냉기는 위에서 아래로 전달되기 때문이다. 쿨러 아래쪽에 얼음물이 고일 것에 대비해 박스나 소쿠리 등으로 받침판을 깔고 그 위에 비닐에 싼 고기를 얹고 부순 얼음으로 덮는다.

낚은 고기를 신문자와 비닐에 싼 뒤
얼음에 재서 아이스박스에 담았다.

3단계–냉장고에 보관하기

낚은 고기를 집에 가져오면 바로 요리해먹을 것만 빼고 나머지는 냉장고에 보관한다. 이때 반드시 내장을 제거한다. 살과 달리 내장은 쉽게 부패하기 때문이다. 3일 안에 먹지 않을 고기는 냉동실에 보관하는데 역시 이때도 내장은 빼야 한다.

김치냉장고를 이용하는 것도 좋다. 냉장고는 수시로 문을 열기 때문에 온도 변화가 심하고 또 구형 냉장고는 냉각기로 냉기를 보내다 보니 냉장고 입구나 뒤쪽의 온도가 높은 경우도 더러 있다. 반면 김치냉장고는 자주 여닫지 않는 특성상 내부온도가 일정하게 유지되고 탈수 현상도 적게 일어난다. 껍질을 벗기지 않은 상태에서 지퍼백에 넣어 김치냉장고에 보관할 경우 일주일이 지나도 싱싱한 회로 먹을 수 있다. 한번 꺼낸 고기는 전부 먹어버리는 게 좋다. 온도가 변한 고기를 다시 냉장고에 넣으면 비린내가 난다.

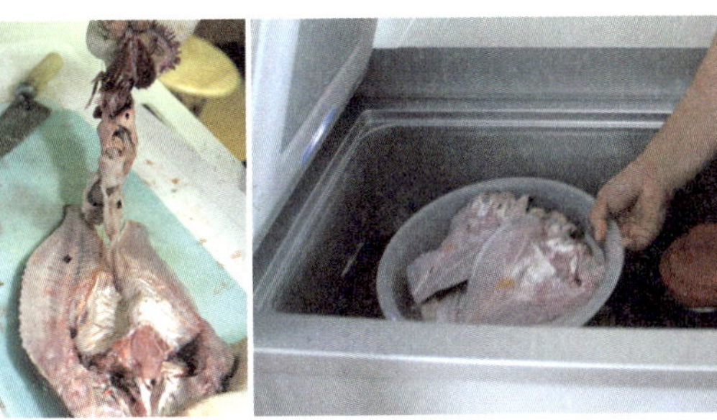

배를 가르고 손으로 내장을 끄집어내는 모습(좌)과 김치냉장고에 보관 중인 물고기.

회 뜨는 법 배워보기

1단계:내장 빼기

바닷고기는 민물에 씻으면 회 맛이 떨어져. 지저분하거나 피가 묻어 있어도 가급적 수돗물을 묻히지 말고 키친타월로 이물질을 닦아낸 다음 손질하는 게 좋아.

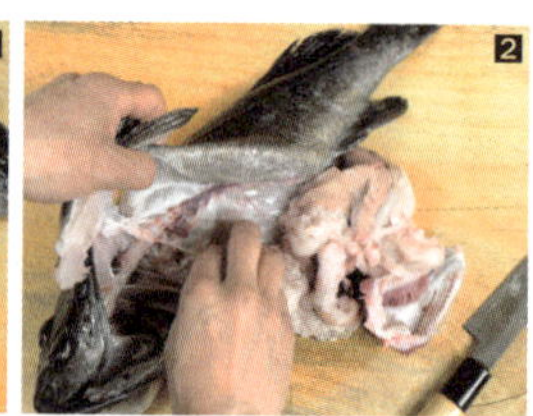

① 아가미에 칼을 넣어 피를 뺀 다음 도마에 올린다.
② 배를 가르고 내장을 꺼낸다.

2단계:포 뜨기(오로시)

 포를 뜨는 과정을 일본말로 오로시*라고 하지. 칼날이 아니라 칼끝으로 살과 뼈를 분리한다고 생각해. 갈비뼈를 자를 땐 칼을 물고기의 꼬리 쪽에서 머리 쪽으로 당겨야 쉽게 잘려.

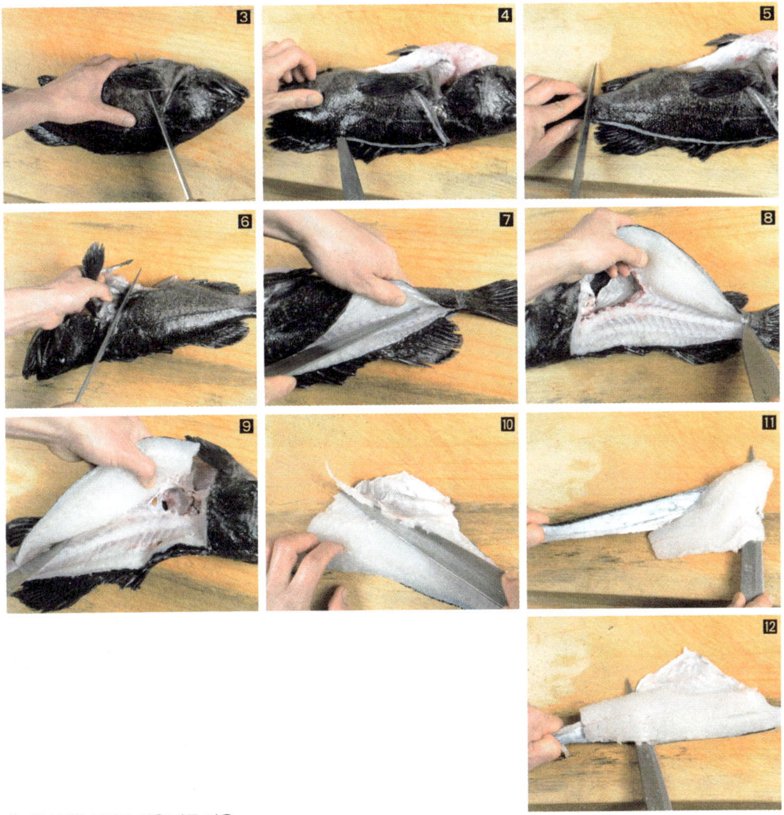

③ 사진처럼 아가미 옆을 자른 다음
④ 칼끝으로 등을 따라 잘라 나간다.
⑤ 꼬리 쪽에 칼을 넣어 배까지 이어서 자른다.
⑥ 우럭을 뒤집은 다음 같은 방법으로 잘라나간다.
⑦ 등에 칼을 넣어 껍질과 살을 분리해나간다.
⑧ 배까지 잘라 완전히 분리한다.
⑨ 우럭을 뒤집어 같은 방법으로 포를 떠낸다.
⑩ 분리해낸 포 중 가슴의 갈비뼈를 제거한 다음
⑪ 꼬리 쪽부터 칼을 넣어 껍질과 살을 완전히 분리시킨다.
⑫ 반대편에서 분리한 포도 같은 방법으로 떠낸다.

---

*오로시 : 물고기의 머리를 자르고 내장을 꺼내고 뼈로부터 살을 발라내는 과정을 통칭하는 일본말.

3단계:회 뜨기

 회를 뜰 땐 물고기의 힘줄(결)과 평행하게 썰어야 쫄깃한 식감을 즐길 수 있어. 살이 무른 등푸른생선만 아니라면 회는 최대한 얇게 뜰수록 맛있지. 그렇게 뜨려면 잘 드는 칼이 있어야 해. 안 드는 칼을 억지로 눌러서 회를 썰면 회가 뭉개져. 잘 드는 회칼은 횟감 위에 대고 가볍게 당겨만 주면 회가 떠져.

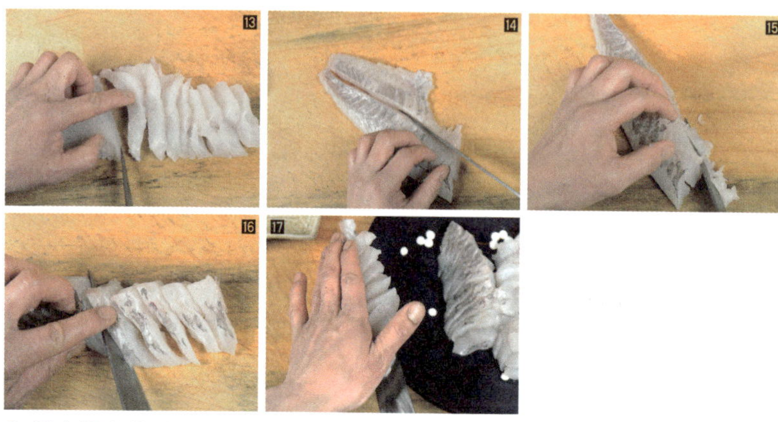

⑬ 씨알이 작은 우럭은 사진처럼 통째로 썬다. 작은 우럭은 큼직큼직하게 썰어야 맛있다.
⑭ 반대로 씨알이 클 경우 사진처럼 포 중간을 잘라 이등분하는데
⑮ 중앙의 뼈 부분을 도려내고
⑯ 일정한 간격으로 썬 다음
⑰ 접시에 담으면 완성.

접시에 담은 우럭 회.

회칼의 선택

생선 다듬기에 쓰는 일본식 회칼은 데바(出刀)와 야나기바(柳刀)로 나뉜다.

야나기바(야나기바 보쪼)는 흔히 사시미 칼로 불리는 길고 얇은 칼을 말한다. 생선의 포를 회나 초밥용으로 얇게 떠내는 데 쓰인다. 데바(데바 보쪼)는 오로시 전용 칼이다. 데바 칼은 뼈를 자르기 편하게끔 칼날이 넓고 두꺼우며 무겁다. 각각 5만~20만원 가격의 제품이면 가정의 주방에서 쓰기에 알맞다.

회칼. 얇은 칼이 야나기바이고 칼날이 넓은 게 데바다.

두 칼 중 낚시터 현장용 회칼로는 무엇이 좋을까? 야나기바보다 데바가 적합하다. 또 소재의 경우 주방에서 쓰기에는 절삭력이 뛰어난 탄소강이 좋지만 낚시터 현장에서 쓰려면 바닷물에 잘 녹슬지 않는 스테인리스 합금이 좋다. 스테인리스 데바칼의 가격은 4만~5만원.

① 물고기의 머리를 자른 뒤 칼을 이용해 꼬리에서 머리 방향으로 4~5회 비늘을 벗겨낸다. 배를 가르고 내장을 제거한 뒤 물로 핏기를 깨끗이 씻어내고, 20cm급은 두 토막, 30cm급은 세 토막을 낸다.
② 냄비에 물을 넣고 센 불로 팔팔 끓인 뒤 무를 집어넣는다. 5분 정도 끓이면 무가 어느 정도 익게 된다.
③ 토막 낸 고기를 집어넣고 3분 정도 끓인다. 이때 고기는 완전히 익은 게 아니고 반 정도 삶아진 상태다.
④ 양념장을 넣는다. 양념장은 티스푼으로 소금 1큰술, 큰 수저로 다진 마늘 1큰술, 고춧가루 2~3큰술을 섞어 만든다.
⑤ 다진 마늘 양념장을 넣는다.
⑥ 무, 양파, 미나리, 홍고추, 백파를 넣고 1분 정도 끓인 뒤 마지막으로 팽이버섯을 넣는다.
⑦ 완성된 매운탕.

큰 우럭 두 마리를 쌍걸이로 낚아 올린 낚시인.

4장

바다루어낚시에 도전하다

광어 다운샷이 뭐에요?

처갓집에서 회 파티를 연 지 한 달이 지났다. 그동안 허 과장은 가족과 함께 인천항에서 4시간 시간제 배낚시도 다녀왔다. 아내와 아이들이 뱃멀미를 하지 않을까 걱정했지만 가까운 바다를 유람선 타듯 돌고 오는 낚시여서 아무런 문제가 없었다.

낚시를 취미로 갖게 되면서 허 과장의 일상엔 변화가 일어났다. 회사와 집만 오가던 'FM 사나이' 허 과장이었지만 요즘은 한눈파는 일이 늘었다. 인터넷을 자주 들락거리며 바다낚시 사이트를 찾아 조황을 확인하고 예약 상황을 체크하며 낚시용품을 둘러보는 데 많은 시간을 할애했다.

바다낚시에는 이것저것 마련해야 할 소소한 소품들이 의외로 많았다. 쇼핑몰에서 상품을 훑어보고 다른 낚시인들의 상품평을 보는 게 재미있었다. '지름신이 강림했다'느니 '취미가 쇼핑'이라느니 하는 말을 조금은 이해할 것 같았다. 낚시가 허 과장의 단조로운 일상에 이토록 큰 활력소가 되어줄 것이라고는 생각하지 못했다. 벌써 돌아오는 주말이 기다려지고 있다.

오늘은 S전자를 방문하는 날이다. 깐깐한 S전자의 임 부장과는 서로의 취미가 바다낚시라는 것을 확인한 뒤로 꽤 가까워졌다.

'오늘은 업무 얘기를 하기 전에 아침에 본 연평도의 우럭 얘기로 대화를 터볼까?'

S전자 영업부 문을 열고 들어서자 직원들이 대부분 외근을 나간 듯 몇몇 직원만 앉아있었다. 맨 안쪽의 임 부장은 모니터에 시선을 박고 무언가를 열심히 보고 있었다. 허 과장이 직원들과 간단하게 눈인사를 나누며 임 부장 책상 앞까지 갔는데도 임 부장은 인기척을 느끼지 못했다.

"안녕하세요? 임 부장님. 무얼 그리 열심히 보고 계십니까?"

그때서야 모니터에서 얼굴을 뗀 임 부장은 조금 겸연쩍어하면서 대답했다.

"아, 허 과장, 왔나? 2주 후에 오천에서 바다낚시대회가 열리거든. 거기에 참가하려고 대회 안내 글을 읽고 있던 참이었어. 이 대회가 인기가 좋아서 지금 참가 신청을 하지 않으면 안 되거든. 선착순 마감인데 금방 접수가 끝나버려."

"바다낚시대회라뇨? 임 부장님께서 낚시대회에 참가하신다고요?"

"그럼. 낚시인이면 누구나 다 참가할 수 있는데 뭐. 이번에 열리는 대회는 광어 다운샷 낚시대회인데 충남 보령의 오천항에서 열려."

허 과장은 고개를 갸웃했다.

'광어 다운샷?'

인터넷에서 보긴 한 것 같은데 정확히 어떤 낚시인지는 모르겠다. 그렇다고 모르는 티를 내기는 싫어서 말없이 고개만 끄덕였다.

"허 과장도 알지? 거성전자의 마 과장이라고. 그 친구가 대회에 같이 참가하자고 하도 졸라서 나가는 거야."

거성전자의 마 과장? 순간 허 과장의 입 언저리가 실룩하면서 떨렸다.

'그 징그러운 녀석도 바다낚시를 한단 말이야?'

거성전자는 춘추전자의 경쟁사다. 작년에 S전자 납품 입찰에도 함께 참가했었다. 그때 김치냉장고에 들어가는 냉각장치 입찰에서 춘추전자와 거성전자가 막판까지 남아서 겨루었는데 뜻하지 않은 일이 터져서 허 과장을 당황하게 만들었다. 춘추전자의 부품이 들어갔던 S전자의 다른 냉장고에 냉각기 이상이 있다는 항의성 게시글이 S전자의 고객 게시판에 계속 올라왔던 것이다. 그러나 애프터서비스 결과 아무런 이상이 없다는 진단을 받았고, 다행히 냉각장치 납품업체는 춘추전자로 결정 났다.

그 후 부하 직원이 '거성전자에서 악의적으로 냉각기에 이상이 있다는 익명의 게시 글을 올렸고 그 지시자가 마 과장인 것 같다'는 얘기를 허 과장에게 했다. 하지만 심증만 있을 뿐 물증이 없는 상황. 생각 같아서는 게시글의 IP를 추적하고 싶었지만 S전자와 계약이 성사된 마당에 그런 모양새를 보여주기 싫어 그만두었다.

그 일이 아니라도 거성전자의 마 과장은 허 과장과 수시로 부딪치는 일이 많다. 달변에 붙임성이 좋은 마 과장은 나름대로 영업적 재능을 갖고 있기는 했지만 언제 뒤통수를 칠지 모르는 그런 인간이었다. 간사한 놈, 네 놈이 낚시를 좋아하는 줄은 몰랐구나. 그런데 임 부장을 꼬드겨서 대회에 참가하는 의도가 뭐야? 허 과장은 자신도 모르게 주먹을 불끈 쥐고는 임 부장에게 조금 큰 소리로 말했다.

"임 부장님, 광어 다운샷 하면 저도 일가견이 있습니다. 그 대회에 저도 참가할게요. 모처럼 임 부장님과 낚시도 갈 수 있는 좋은 기회네요."

저도~
광어 다운샷대회에
참가하겠습니다!
자네도?

"그래? 그럼 좋지. 마 과장하고 허 과장, 이렇게 셋이서 낚시를 같이 갈 줄은 몰랐는걸. 둘 중 누가 더 낚시를 잘 할까 벌써 궁금해지는 걸. 허허!"

광어 다운샷, 광어 다운샷, 광어 다운샷….

마치 골프용어 같은 요상한 이름의 이 낚시기법을 어서 익혀야겠다는 생각이 머리에 가득한 허 과장에겐 임 부장의 목소리가 제대로 들리지 않았다.

● ● ●

평기의 카페엔 오늘도 재즈음악이 흘러나오고 있었다. 올 때마다 틀어서 허 과장 귀에도 익은 아트 페퍼의 알토 색소폰. 카페엔 남자 세 명이 앉아서 술잔을 기울이고 있었다. 평기는 주방에 있는 듯 보이지 않는다. 허 과장은 테이블에 앉은 뒤 여점원이 자신 쪽으로 돌아보기를 기다렸다가 손을 들었다.

"오랜만에 오셨네요?"

"맥주부터 주고, 사장님한테 내가 왔다고 말해줘요,"

연주곡의 하이라이트 부분. 색소폰이 사납게 휘몰아치고 베이스가 격하게 출렁였다. 그러나 허 과장의 뇌리에 떠오르는 것은 동트는 새벽바다로 출항하는 낚싯배의 우렁찬 엔진소리였다. 눈을 감고 음악에 빠져 있는데 누군가 허 과장의 등을 쳤다. 평기였다.

"연락도 없이, 어쩐 일이야?"

"안 바쁘면 좀 앉아봐. 술이나 한 잔 하자고."

이런저런 얘기를 나누면서 맥주를 두 병째 비우는 동안 평기는 가끔 주방을 오갈 뿐 줄곧 허 과장과 대작했다. 오늘은 손님이 많지 않아 여유가 있어 보였다.

"평기야, 실은 내가 낚시 때문에 또 부탁할 게 있어서 왔어."

"그래? 그런데 무슨 얘기이기에 이렇게 뜸을 들이실까?"

"광어 다운샷이라고 알지? 나 이주일 후에 충남 오천항에서 열리는 광어 다운샷 대회에 참가하기로 했어. 그러니 나한테 광어 다운샷을 좀 가르쳐줘."

순간 평기가 미간을 찌푸렸다.

"광어 다운샷? 야, 너 우럭낚시 배운 지 얼마나 됐다고 광어 다운샷이야? 또 대회 참가는 뭐고? 아직 넌 낚시대회에 참가할 실력이 안 돼. 그리고 광어 다운샷은 우럭외줄낚시부터 마스터한 다음에 천천히 하는 게 좋을 것 같은데?"

"내 생각도 그래. 그런데 이번 광어 다운샷 낚시대회에 꼭 참가해야 할 이유가 있어서 그래."

허 과장은 평기에게 오늘 S전자에서 있었던 일을 들려주었다. 이야기를 다 듣고 난 평기가 킥킥대며 웃었다.

"그 마 과장이란 사람 때문에 승부욕이 발동한 거야?"

"나는 그놈이 임 부장하고 같이 다닌다는 게 마음에 들지 않아. 낚시 덕분에 임 부장하고 많이 가까워졌나 본데 이참에 낚시로 그 녀석을 꺾어서 임 부장을 확실히 내 사람으로 만들고 싶다고."

"하지만 쉽지 않을 걸. 그 마 과장이란 사람의 낚시실력이 어느 정도인지는 모르지만 너보다는 광어 다운샷 낚시를 오래 했을 것이고, 무엇보다 낚시대회란 게 운이 따라야 이길 수 있기 때문에 지금 속성으로 배운다 해도 이긴다 장담을 못해."

"행운이 따라야 하는 것이니까 승리의 여신이 내 손을 들어줄 수도 있는 것 아냐. 그나저나 광어 다운샷이 대체 무슨 뜻이야?"

"광어를 다운샷채비로 낚는 낚시법을 말해. 영어로는 Down-shot Rig. 미국에서 배스낚시용으로 개발된 채비인데 최근 우리나라 광어 배낚시에서 대단한 효과를 발휘하고 있어. 한마디로 '대세'라는 거지. 이 채비의 특징은 낚싯바늘이 봉돌 위 사오십 센티미터쯤에 달린 것인데, 바늘에 생미끼 대신 웜이라는 루어(가짜 미끼)를 달아. 그런데 광어란 놈이 생미끼보다 루어에 죽자고 달려드는 바람에 다운샷채비가 전통 외줄낚시채비를 위협하고 있지."

"웜? 루어? 어쨌든 나, 이 낚시를 마스터해야 되거든? 가르쳐줘."

"알았어. 하지만 나는 올드한 생미끼파라서 다운샷 같은 첨단낚시법은 잘 몰라. 대신 다른 사람을 소개해주지."

"너는 광어 다운샷을 잘 모른다고?"

"아니, 알기는 알아. 광어 다운샷은 그리 어려운 낚시가 아니야. 오히려 우럭낚시보다 더 쉽다고도 할 수 있지. 하지만 대회에 나가서 이기려면 역시 전문가에게 제대로 배워야지. 내가 전화번호를 적어줄 테니까 최 프로라는 사람을 찾아가봐."

"최 프로?"

"그래, 최 프로!"

평기는 맥주잔을 쭉 들이키더니 펜과 메모지를 가지러 카운터로 향했다.

Down-shot Rig

루어낚시의 달인, 최 프로

다음날, 직원들과 오전 내내 회의를 하고 점심식사까지 함께 한 허 과장은 다시 사무실로 돌아와 평기가 건네준 전화번호를 펼쳐 보았다. 최 프로는 유명한 낚싯대 제조업체에서 후원금을 받는 필드테스터로 활동하고 있다고 했다. 낚시가 제2의 직업인 셈이다.

'대체 얼마나 낚시를 잘 하기에 프로낚시인이 되었을까?'

수신음이 꽤 길게 이어지고 마침내 전화를 받는 목소리. 밖에 나와 있는지 바람소리와 섞여서 들려온 목소리가 생각보다 젊어서 조금은 놀랐다. 40대 후반의 나이라고 했는데…?

"안녕하세요? 평기 씨 소개로 전화를 하게 됐습니다."

"아, 안 그래도 아침에 평기 씨가 전화를 했더군요. 저는 지금 낚시를 가려고 부두에 나와 있어요. 광어 다운샷을 배우고 싶다고 하셨다던데…."

"예, 맞습니다. 제가 우럭낚시는 몇 번 다녀봤는데 광어 다운샷낚시는 한 번도 해본 적이 없습니다. 한 번 찾아뵙고 이것저것 물어보면서 낚시를 배우고 싶은데요."

"그러면 모레 아침 영흥도 진두포구로 오세요. 제가 아는 분들하고 광어 다운샷을 나가기로 했으니까 시간 맞춰서 오시면 되겠네요."

허 과장은 알겠다고 답하고 전화를 끊었다. 모레는 평일인 목요일. 평소 같으면 평일에 회사를 쉰다는 것은 엄두도 못 냈을 허 과장이지만 이번만은 사정이 다르다. 광어 다운샷을 배우고 싶다는 의지가 더 강했다. 열흘 후면 낚시대회인데 기다리고 재고 할 수 있는 상황이 아니었다. 마 과장이 광어를 낚고는 자신 앞에서 헤헤거리는 모습이 눈에 어른거렸다.

'안 돼! 이번 한 번이다. 최 프로란 전문가에게 제대로 배워서 마 과장의 코를 납작하게 눌러줘야지.'

허 과장은 회사엔 집안일이 생겼다고 둘러대고 연차를 냈다.

● ● ●

새벽 5시의 서해안고속도로는 한산했다. 목적지는 인천광역시 옹진군 영흥면 영흥도의 진두포구. 서울에서 약 1시간 거리였다. 허 과장으로서는 영흥도라는 섬도, 또 이곳에서 인천항과 마찬가지로 낚싯배들이 출항한다는 사실도 이번에 처음 알았다. 영흥도는 지금은 다리가 놓여서 육지나 다름없는 곳이었다.

진두포구에 들어선 김 과장은 깜짝 놀랐다. 이 작은 포구에 인천항만큼 많은 낚싯배가 있으리라고는 생각지 못했다. 나중에 알았지만 영흥도 진두항은 인천항, 화성 전곡항, 평택항과 함께 경기도의 4대 낚싯배 출항지였다.

항구를 둘러보고 있는데 전화가 왔다. 최 프로였다. 최 프로는 전화상으

오홋~
멋쟁이~!

로 들었던 목소리처럼 젊어 보였다. 헐렁한 흰색 셔츠에 반바지와 샌들을 신었다. 검게 그을린 피부가 건강해보였다.

"사십대 후반이라고 들었는데 저보다 젊어 보이네요. 놀랐습니다."

"하하, 그래요? 루어낚시를 하는 분들 연령층이 좀 젊긴 합니다. 루어낚시가 생미끼낚시보다 역동적이라서 그런가 봐요. 저도 스타일이나 열정에서 젊은 사람들에게 뒤처지긴 싫어요."

이날 함께 보트를 탈 낚시인들이 속속 도착했다. 30대로 보이는 남자 세 명과 여성 한 명이었다. 최 프로가 일행을 낚시점으로 안내했다. 승선명부를 작성하고 낚싯배 비용을 냈는데 1인당 10만원이었다.

'뭐 광어 다운샷이라고 해서 우럭배낚시와 출조 과정이 다르지는 않군.'

광어 다운샷용 낚싯배는 우럭낚싯배보다 작은 15인승이었는데 외국 영화에서 보던 보트처럼 예쁘고 깔끔했다. 보트는 항구를 빠져나가 빠른 속도로 달렸다. 우럭낚싯배에선 느끼지 못한 속도감에 기분이 상쾌했다. 30분쯤 달린 보트는 소이작도 주변에 이르러 멈추었고 낚시인들은 광어 다운샷 장비를 세팅하느라 분주했다. 무엇부터 해야 할지 몰라 우물쭈물하고 있는 허 과장에게 최 프로가 다가왔다.

"외줄낚시 장비를 갖고 오셨군요. 그걸 써도 되긴 합니다만 루어낚시 장비보다 무겁기 때문에 다운샷 채비를 조작하기 불편할 겁니다. 광어낚시는 우럭낚시와 달리 30미터 안쪽의 얕은 수심을 노리는 경우가 많고 수시로 채비를 내리고 올리는 일이 잦기 때문에 경량급의 장비를 사용하는 게 편해요."

허 과장은 주변 낚시인들의 장비를 자세히 살펴보았다. 우럭낚싯대보다

훨씬 가느다란 낚싯대에 릴도 장구통릴의 절반 크기인 베이트릴이나 스피
닝릴을 사용했다.

"어쨌든 이 장비로도 광어를 낚을 수는 있는 건가요?"

"불편하긴 하지만 낚을 수는 있습니다. 먼저 채비를 세팅하는 법부터 배
워볼까요?"

광어는 가자미목 어종에서 가장 날카로운 이를 가진 육식어종이다. 이빨이 입의 안쪽
방향으로 향해있어 한번 문 먹잇감은 절대 놓치지 않는다. 정식 학명은 넙치지만 광어
(廣魚)로 더 널리 불린다. 오래전부터 고급 횟감으로 사랑받아 왔고 수요가 많다 보니
양식화도 빨리 이루어져 우럭과 함께 가장 대중적인 횟감으로 자리매김하였다. 그래서
오히려 자연산 광어의 값어치가 저평가되는 결과를 초래하기도 했다.

광어는 2~6월에 산란하며 모래와 암반이 섞여있는 해저에 산다. 동서남해에 다 서식
하지만 서해의 자원이 압도적으로 많다. 주로 40~50cm급이 낚이지만 60~80cm급도
심심찮게 낚이며 크게는 1m까지 성장한다.

수면까지 끌어올린 광어를
뱃전으로 들어 올리고 있는 낚시인.

광어 다운샷 낚시

'광어 다운샷'은 다운샷 리그를 사용해 광어를 낚는 루어낚시다. 다운샷 리그(Down Shot Rig)는 미국에서 건너온 배스낚시용 채비인데 우리말로는 '아랫봉돌채비' 정도로 해석할 수 있겠다. 2000년대 중반부터 서해의 배낚시에서 활용되기 시작했는데 특히 광어에 효과가 뛰어나서 '광어 다운샷'이란 명칭이 붙여지게 됐다.

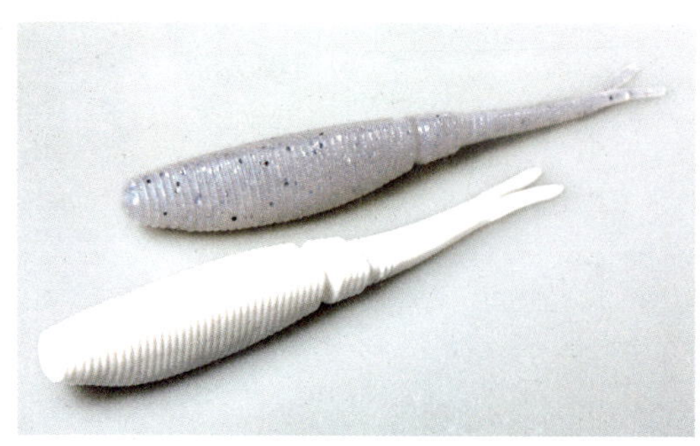

웜. 말랑말랑한 재질의 루어로서 사진처럼 물고기 형태의 웜을 광어 다운샷낚시에서 주로 쓴다.

광어 다운샷 채비.
봉돌 위 30cm 목줄에 바늘이 달린 채비다.

말랑말랑한 웜(Worm)을 루어로 사용

서양에서 시작된 루어낚시는 가짜 미끼인 루어(Lure)를 사용한다. 루어는 재료에 따라 하드베이트(Hard Bait)와 소프트베이트(Soft Bait)로 나뉜다. 초기의 루어는 딱딱한 금속, 나무, 플라스틱 등으로 만든 하드베이트뿐이었다. 말랑말랑한 형태의 소프트베이트는 19세기 말 미국에서 처음 등장한 것으로 전해진다. 이후 합성고무, 실리콘 등의 재료를 사용해 만들어지기 시작했는데 말랑말랑하고 하늘거리는 특성의 소프트베이트를 통칭하여 웜(Worm)이라 한다. 광어 다운샷에선 웜을 루어로 사용하는데, 갯지렁이나 미꾸라지, 작은 물고기와 비슷하게 생긴 웜을 주로 쓴다.

광어는 왜 다운샷에 잘 낚일까?

광어는 흔히 닮은꼴인 도다리와 비교되지만('좌광우도'는 광어와 도다리를 구분할 때 쓰는 표현인데 물고기의 머리 쪽에서 봤을 때 눈이 좌측에 있으면 광어, 우측에 있으면 도다리로 구분한다) 습성에서는 도다리와 완전히 다르다.

도다리는 얌전한 잡식성 어종이지만 광어는 작은 물고기를 사냥하는 난폭한 육식성 어종이다. 주로 바닥에 웅크리고 있다가 사냥할 때는 중층까지 떠올라서 활발히 헤엄친다. 움직이는 먹잇감에 맹렬하게 달려들기 때문에 조용한 생미끼보다 활발한 루어에 더 잘 낚이는 것이다.

루어낚시 채비 중 다운샷 리그는 봉돌이 바닥에 닿아도 루어는 30~70cm 정도 떠있는 상태가 되어 밑걸림이 적다는 게 큰 장점이다. 또 루어가 약간 떠 있기 때문에 물고기의 눈에 쉽게 띄고 루어의 액션이 무거운 봉돌의 영향을 받지 않기 때문에 생생한 움직임으로 물고기의 입질을 유도한다.

광어 다운샷 출조항과 낚싯배

광어 다운샷 출조는 광어 자원이 풍부한 서해안을 중심으로 낚시가 이뤄진다. 남해안과 동해안엔 광어 다운샷 배낚시가 없고, 서해는 거의 모든 항구에서 우럭외줄낚시와 광어 다운샷 낚시를 병행하고 있다. 선비는 1인당 8만~10만원으로 점심식사를 제공한다.

인천 연안부두 · 남항부두

인천은 2010년에 40인승의 동양호가 광어 루어낚시를 처음 출조해 인기를 끌기 시작한 후 출조 낚싯배 수가 꾸준히 늘어나고 있다. 인천 다운샷 낚싯배의 특징은 대형 선박이 많다는 것. 기본 20명에 큰 배는 40명까지 승선할 수 있다. 이작, 승봉, 자월도가 주 출조 권역이며 덕적도 서쪽의 먼 바다까지 나가기도 한다. 뱃삯은 출조 거리에 따라 6만~9만원.

연안부두 동양호 032-888-9938
연안부두 가자호 032-883-8600
연안부두 블루샤크호 011-343-6604
남항부두 백마호 032-887-8181
남항부두 킹스타2호 032-888-8403
남항부투 히트호 032-881-0156

인천 영흥도

영흥도 진두선착장에서 출항하며 영흥도 근해와 상 · 하공경도, 승봉도, 이작도 등으로 출조한다. 조황이 좋지 않을 때는 먼 바다인 덕적도, 각흘도, 문갑도까지도 나간다. 뱃삯은 근해 8만원, 먼바다 10만원.

선창낚시 886-0344
미경낚시 883-0948
영동2호낚시 886-8420
길낚시 881-7086

진두낚시 070-8232-3550
어선협회 886-0203
생활체육옹진군낚시연합회 886-0344
부성호 010-461-3740

충남 태안 신진도항

가의도–옹도–궁시도–흑도 등지로 출조한다. 뱃삯은 10만원.

바위섬호 010-8786-3349
항공모함호 010-7437-1322

하진호 010-2773-6758
현무호 041-675-7301

충남 보령 오천항

근해인 화사도–길산도를 거쳐 외연도까지 출조한다. 광어밭으로 알려진 외연도까지 가장 빨리 출조할 수 있고 조황도 양호해서 단골 낚시인을 많이 확보하고 있다. 뱃삯은 거리에 따라 8만~10만원.

순풍호 010-9211-3773
거양호 011-436-9009
서해피싱호 011-470-3912
씨빙이호 010-5923-0770

블루호 041-934-0980
백상어호 041-9434-0980
오천 바다낚시 010-9915-0067
낚시광호 010-5301-7555

충남 서천 홍원항

용섬–삼홍서–화사도–외연도 코스로 출조한다. 20척 이상의 광어 다운샷 전문선들이 있어 선택의 폭도 넓다. 뱃삯은 10만원선.

홍원항 바다낚시 041-952-0411
주꾸미1호 010-5289-2109
레드마린호 953-8890
라이브피싱호 041-952-5209

에이스호 041-953-0304
홍원갯바위낚시 041-952-8522
홍원 낚시프라자 041-951-8838

전북 군산 비응항 · 야미도

십이동파도, 직도, 흑도권으로 광어 다운샷 낚시를 출조한다. 뱃삯은 1인 10만~12만원. 새만금방조제 초입에 있는 비응항과 야미도 선착장에서 낚싯배가 뜬다.

오렌지호 010-4651-5504
네트워크호 010-6280-3150
해무니호 010-3678-1037
가마우지호 010-2349-2345
후크스타호 017-611-6595

아리랑호 010-8721-6016
태양호 010-8829-0277
샤크호 010-9475-6936
프로호 010-9052-0757

전북 부안 격포항

전문 낚싯배가 많지 않지만 광어 자원이 상당하고 아직 개발되지 않은
포인트도 많은 게 매력이다. 위도와 왕등도가 주요 낚시터. 뱃삯은 1인당
8만∼10만원.

블루스카이2호 010-8550-0155
블루마린호 063-581-1162

항구에 줄지어 정박한 낚싯배들. 사진은 전북 군산 비응항.

광어 다운샷 낚시에서 자주 쓰는
루어낚시 용어들

그럽(grub)
웜의 일종. 애벌레를 본떠서 만들었다.

그립(grip)
루어 낚싯대의 손잡이.

노싱커리그(no sinker rig)
싱커가 없는 채비. 즉 봉돌을 달지 않고 웜과 바늘로만 구성된 채비.

노피시(no fish)
고기가 안 낚임. 몰황.

데드워밍(dead worming)
먹잇감이 죽은 것처럼 보이게 하기 위해 한동안 루어에 움직임을 주지 않고 가만히 놓아두면서 입질을 유도하는 기법. 물고기의 먹성이 약할 때 의외로 잘 먹힌다.

뎁스파인더(depth finder)
직역하면 수심측정기지만, 낚시에선 어군(魚群)을 찾는 어군탐지기를 말한다.

드롭오프(drop off)
급경사 지역.

라이브웰(live well)
물칸. 배 안에 잡은 물고기를 살려두는 공간으로서 바닷물을 끌어다 채운다.

랜딩(landing)
낚시에 걸린 물고기를 배 위나 땅으로 끌어내기.

로드 워크(rod walk)
낚싯대를 움직여서 루어에 다양한 움직임을 연출하는 기법.

롱캐스트(long cast)
원투. 루어를 멀리 던짐.

루어 로테이션(lure rotation)
여러 가지 루어를 교체 사용하는 것.

리더라인(leader line)
목줄. 루어에 바로 연결하는 짧고 강한 낚싯줄.

리액션바이트(reaction bite)
물고기가 먹이욕구가 없더라도 루어의 불규칙한 움직임에 반사적으로 달려들어 입질하는 것.

리트리브(retrieve)
단속릴링. 별다른 액션 없이 천천히 루어를 감아 들이는 조작.

릴링(reeling)
릴의 핸들을 돌려 줄을 감는 동작. 리트리브는 릴링의 한 형태다.

메탈지그(metal jig)
스테인리스, 철, 납 등 기다란 금속 조각의 한쪽 끝에 세발바늘 또는 외바늘이 달려있는 루어.

미노우플러그(minnow plug)
작은 물고기의 형태를 본떠 만든 루어. 플라스틱, 목재, 금속 소재로 만든다.

백래시(Back lash)
베이트캐스팅릴로 루어를 캐스팅했을 때 릴 스풀의 과다 회전으로 인해 스풀 안에서 풀리던 낚싯줄이 다시 되감기며 엉키는 현상. 스피닝 릴에는 없는 현상이다. 이를 방지하기 위해선 엄지로 스풀을 살짝 눌러주는 써밍(thuming)이 필요하다.

베이트피시(bait fish)
먹이고기.

보일(boil)
물고기가 먹이고기를 쫓아 수면 가까이 올라왔을 때 수면에서 일어나는 물살.

쇼크리더(shock leader)
이빨이 날카로운 물고기를 노릴 때 또는 캐스

팅할 때 원줄의 손상과 충격을 막기 위해 덧다는 목줄을 말한다.

쉐이킹(shaking)
루어를 감아 들이면서 낚싯대 끝을 아래위 또는 좌우로 흔들어 루어가 떨리도록 하는 기법.

스톱앤고(stop & go)
루어를 끌어당기다가 몇 초간 동작을 멈췄다 다시 끌어당기는 기법.

스트라이크(strike)
입걸림. 바늘이 물고기의 주둥이에 제대로 박힌 상태.

스트럭처(structure)
물밑 바닥지형의 생김새나 수심의 변화를 말하는데, 주로 암초 등 수중 장애물을 일컫는다.

싱커(sinker)
봉돌.

어시스트 훅(assist hook)
보조 바늘. 루어에 원래 달려 있는 바늘 외에 입걸림 확률을 높이기 위헤 덧다는 바늘을 말한다.

오프셋 훅(offset hook)
꺾인 바늘. 바늘귀에 가까운 부분이 'ㄱ'자로 꺾인 루어낚시 전용 바늘로서 광어 다운샷에 많이 쓰인다.

온스(oz)
루어낚시에서 중량을 표현하는 단위. 1온스는 약 28g.

와이드 갭 훅(wide gape hook)
오프셋 훅 중에서 품 넓은 바늘.

웜(worm)
지렁이나 애벌레를 본떠 만든 말랑말랑한 루어.

인치(inch)
루어낚시에선 미터보다 인치 단위를 쓰는 경우가 더 많다. 1인치는 2.54cm.

저킹(jerking)
낚싯줄을 감지 않고 낚싯대를 들거나 끌다가 멈추는 동작.

지그(jig head)
바늘귀에 납(lead head)이 결합된 바늘.

컬리 테일 웜(Curly tail worm)
웜의 꼬리가 'C' 형태로 구부러진 웜.

트레블 훅(treble hook)
바늘이 세 개 달린 바늘. 세발바늘.

트위칭(twitching)
손목에 스냅을 주어 낚싯대를 짧게 톡톡 잡아채는 기법. 저킹보다는 동작이 작다.

파운드(pound)
무게의 단위. 1파운드는 0.453kg. 기호는 lb. 16온스에 해당한다. 낚싯줄이 견디는 무게를 뜻해 강도를 나타내는 용어로도 쓰인다.

파이팅(fighting)
물고기를 걸어서 버티고 펌핑하는 동작을 통틀어 부르는 말.

펌핑(pumping)
물고기를 끌어 올리는 동작. 낚싯대를 당겨서 물고기를 띄운 다음 낚싯대를 내리며 빠르게 줄을 감고 다시 낚싯대를 당기는 동작이 펌프질과 흡사하여 붙은 이름이다.

포인트(point)
고기가 있을 만한 장소.

폴링(falling)
루어의 하강.

플러그(plug)
플라스틱, 나무, 금속 등을 이용해 만든 딱딱한 루어를 통틀어서 부르는 말.

플로팅 웜(floating worm)
웜 내부에 공기를 주입하여 물에 뜨게 만든 웜.

피네스피싱(finesse fishing)
가는 낚싯줄, 가벼운 채비를 활용한 섬세한 낚시방법.

피트(ft)
루어낚시에서는 길이를 잴 때 미터보다 피트 단위를 많이 쓴다. 1피트는 30.48cm. 낚싯대 길이가 6.6피트면 약 2m다.

헤드쉐이킹(head shaking)
바늘털이. 입걸림된 광어나 농어가 바늘을 빼기 위해 머리를 좌우로 흔드는 동작.

훅 세팅(hook setting)
챔질.

히트(hit)
입걸림. 스트라이크와 같은 의미다.

다운샷 채비 직접 만들기

우럭낚시 채비는 대개 낚시점에서 완제품을 사서 원줄에 연결하여 사용한다. 하지만 다운샷 채비는 낚시인이 직접 묶어서 쓰는 경우가 많다. 물론 다운샷 채비도 낚시점에서 판매하는 완제품이 있지만 봉돌과 바늘의 간격을 조정할 수 없다는 게 단점이다.

준비물

■ 원줄과 목줄

원줄은 합사, 목줄은 단사를 쓴다. 우럭 배낚시에선 5~6호 합사를 쓰지만 광어 다운샷에선 1~1.5호 합사를 쓴다. 1호 합사가 가늘어보여도 70~80cm 대형 광어까지 끌어낼 수 있다. 목줄(쇼크리더)은 투명하고 강도가 높은 카본 단사 4~5호가 좋다. 원줄과 목줄은 도래에 연결해 쓴다. 도래는 10~12호 제품이 알맞으며 목줄은 1~1.2m 길이로 써야 채비를 감을 때 도래가 톱가이드에 걸리는 일이 없다. 입질이 약할 때는 감도를 높이기 위해 원줄과 목줄을 직결해 쓴다. 직결 채비는 도래가 톱가이드에 걸릴 일이 없으므로 목줄을 2m 이상 길게 써도 상관없다.

합사 원줄.

메탈지그를 봉돌 대신 사용한 광어 다운샷 채비.
옵셋 훅에 물고기 모양의 섀드 웜을 꿰었다.

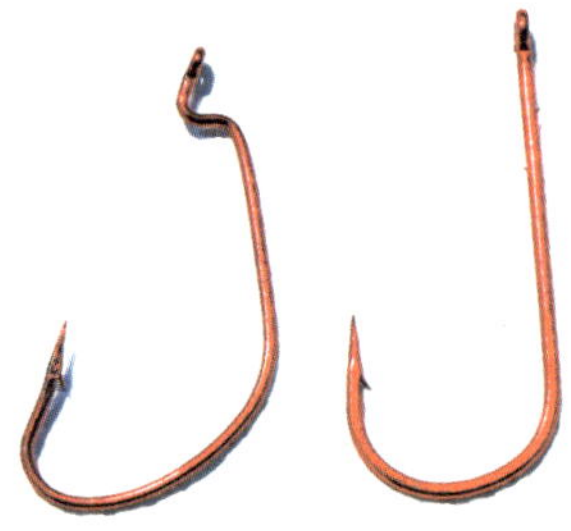

와이드갭 훅(좌)과 스트레이트 훅.

■ 바늘

다운샷 전용 훅, 와이드갭 훅, 스트레이트 훅, 세 가지 바늘을 쓴다. 그중 가장 많이 쓰는 바늘은 스트레이트 훅과 와이드갭 훅이다. 다운샷 전용 훅은 민물 배스낚시용이라서 이름과는 달리 광어 다운샷 낚시에선 잘 쓰지 않는다. 와이드갭 훅은 밑걸림이 적은 장점을 활용해 바닥이 복잡한 여밭에서 사용한다.

다운샷용 바늘은 우럭바늘과 달리 호수가 클수록 바늘 크기가 작아진다. 6, 5, 4, 3, 2, 1호 순으로 바늘이 커지는데, 1호 다음은 1/0, 2/0, 3/0… 이런 식으로 또 숫자가 커진다. 왜 이렇게 헷갈리게 붙였을까? 우럭바늘의 크기는 일본식이고, 루어낚시 바늘의 크기는 영미식 표기이기 때문이다. 광어 다운샷에서 가장 많이 쓰는 바늘의 크기는 2/0~3/0이다.

웜이 담긴 태클박스.

■ 웜

웜이라 부르지만 몸체가 긴 지렁이(worm) 형태보다는 볼륨이 두툼하고 꼬리가 달린 '그럽(grub)'이나 물고기 형태의 '섀드(shad) 웜'이 주로 쓰인다. 크기는 5~6인치를 많이 쓴다. 2/0~3/0 크기의 바늘 끝이 몸체 3/2 정도를 뚫고 나오는 크기에 해당한다. 웜은 형태나 크기, 색상이 다양해서 그날 낚시에 잘 드는 종류를 골라서 써야 한다.

메탈지그(맨 좌측)와
다운샷용 봉돌

■ 봉돌

우럭낚시에서 쓰는 고리봉돌을 써도 되지만 볼륨이 작고 긴 형태의 다운샷 전용 봉돌이 좋다. 봉돌이 길수록 수류저항이 적어서 빨리 하강하기 때문이다. 광어의 시각을 자극하기 위해 봉돌 대신 같은 무게의 메탈지그를 쓰기도 한다. 중량은 20~40호가 주로 쓰인다.

1 목줄채비 만들기

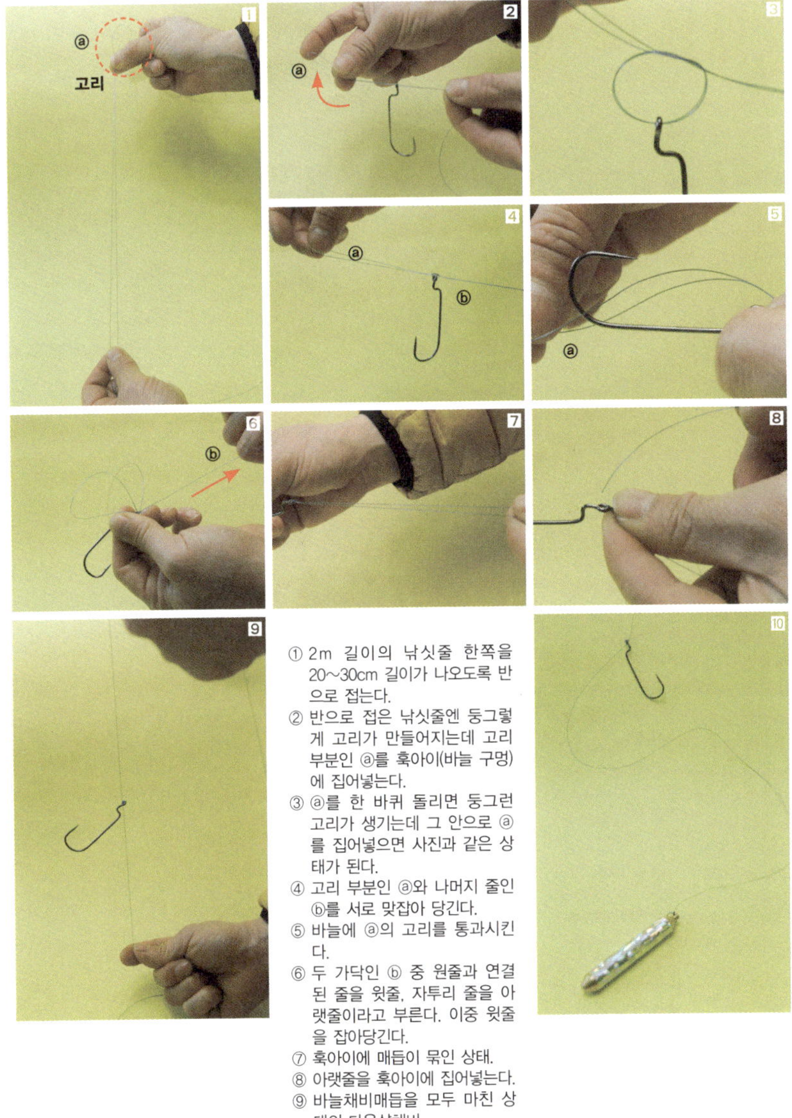

① 2m 길이의 낚싯줄 한쪽을 20~30cm 길이가 나오도록 반으로 접는다.

② 반으로 접은 낚싯줄엔 둥그렇게 고리가 만들어지는데 고리 부분인 ⓐ를 훅아이(바늘 구멍)에 집어넣는다.

③ ⓐ를 한 바퀴 돌리면 둥그런 고리가 생기는데 그 안으로 ⓐ를 집어넣으면 사진과 같은 상태가 된다.

④ 고리 부분인 ⓐ와 나머지 줄인 ⓑ를 서로 맞잡아 당긴다.

⑤ 바늘에 ⓐ의 고리를 통과시킨다.

⑥ 두 가닥인 ⓑ 중 원줄과 연결된 줄을 윗줄, 자투리 줄을 아랫줄이라고 부른다. 이중 윗줄을 잡아당긴다.

⑦ 훅아이에 매듭이 묶인 상태.

⑧ 아랫줄을 훅아이에 집어넣는다.

⑨ 바늘채비매듭을 모두 마친 상태의 다운샷채비.

⑩ 아랫줄에 봉돌을 묶으면 완성.

2 웜 꿰기

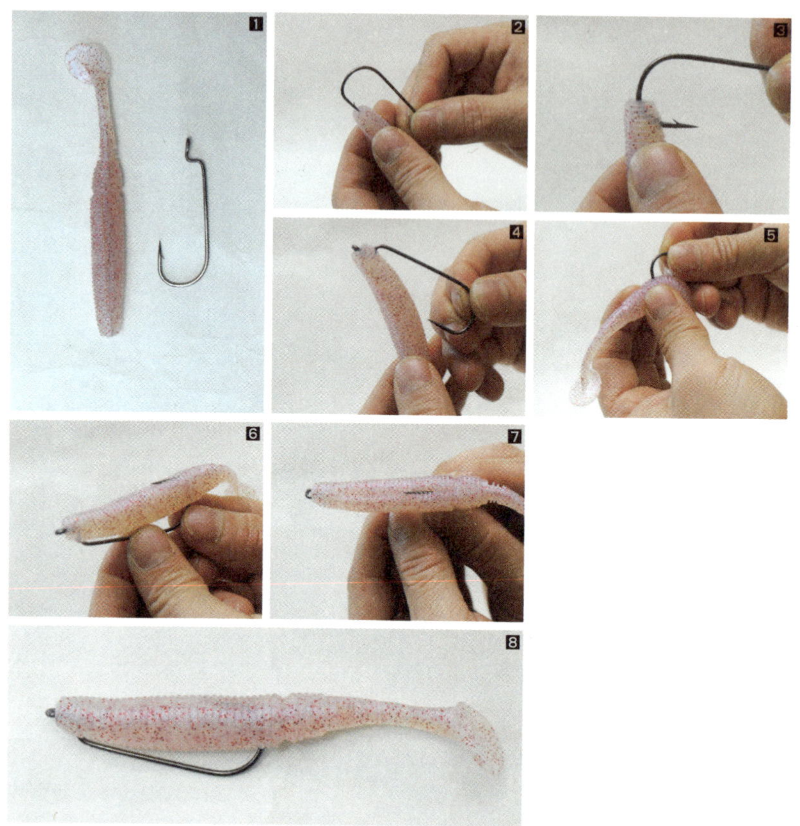

①훅과 웜.
②바늘 끝을 웜 머리에 찔러 넣는다.
③훅아이가 살짝 보일 정도까지 빼낸다.
④바늘을 180도 돌린다.
⑤웜을 구부려서 바늘을 꿴다.
⑥바늘에 꿴 모습.
⑦바늘 끝을 웜에 살짝 찔러 넣는다.
⑧바늘꿰기를 마친 웜.

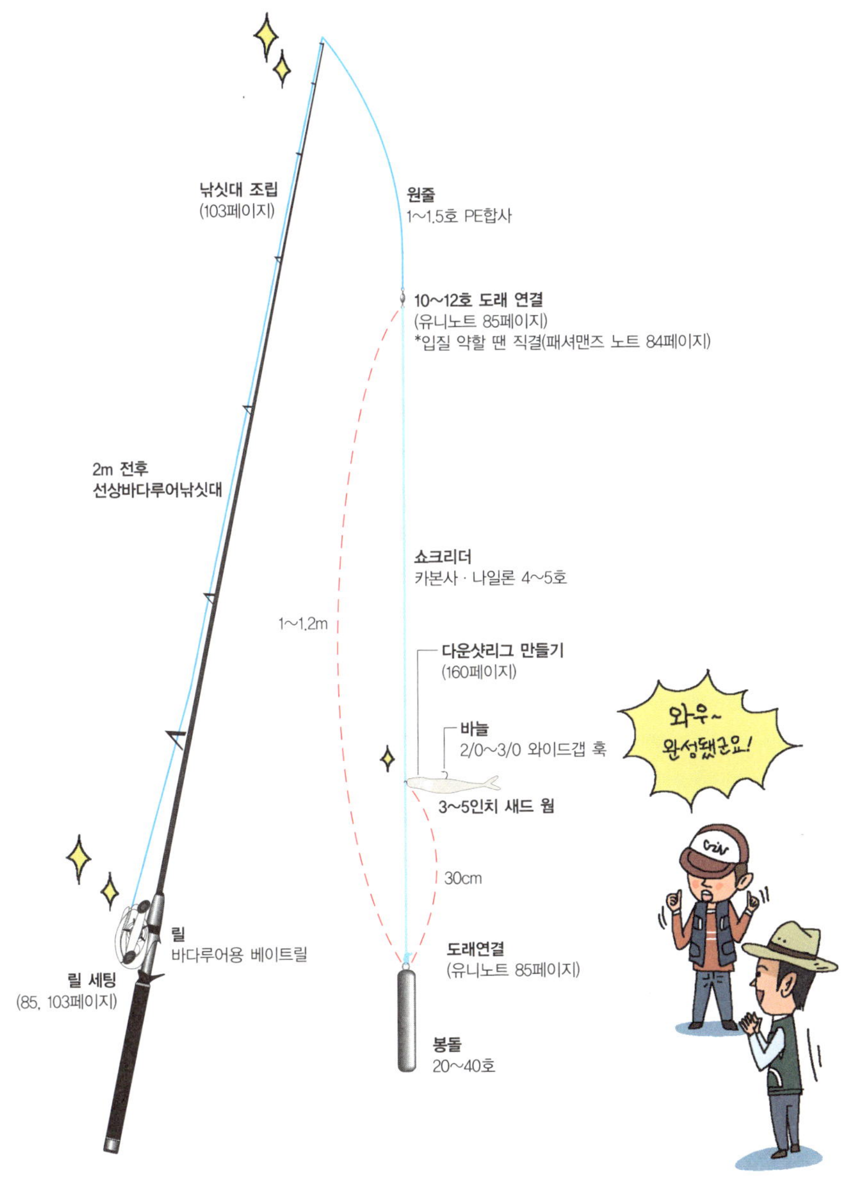
낚싯대 조립
(103페이지)
원줄
1~1.5호 PE합사
10~12호 도래 연결
(유니노트 85페이지)
*입질 약할 땐 직결(패셔맨즈 노트 84페이지)
2m 전후
선상바다루어낚싯대
쇼크리더
카본사 · 나일론 4~5호
1~1.2m
다운샷리그 만들기
(160페이지)
바늘
2/0~3/0 와이드갭 훅
3~5인치 새드 웜
와우~
완성됐군요!
릴
바다루어용 베이트릴
릴 세팅
(85, 103페이지)
30cm
도래연결
(유니노트 85페이지)
봉돌
20~40호

난폭한 육식어종, 광어를 낚다

허 과장은 최 프로가 채비를 세팅해준 장비를 건네받았다. 다운샷리그를 스스로 익숙하게 매어 쓰려면 어느 정도 반복적인 연습이 필요할 것 같았다. 봉돌은 30호! 70~100호 봉돌을 쓰는 우럭낚시에 비하면 초경량이다. 이래서 우럭대보다 가는 루어낚싯대를 사용하는가 보구나.

첫 채비를 내리려는 순간 옆에 있던 낚시인의 낚싯대가 우악스럽게 휘어지더니 숫제 대 끝이 물속으로 처박혔다. 대체 얼마나 큰 씨알이기에? 허 과장은 멍하니 낚시인의 파이팅을 지켜보고 있었다. 그러나 뱃전으로 올라온 녀석은 겨우 40cm 남짓한 광어.

"이런 녀석이 그렇게 힘을 썼단 말입니까?"

허 과장은 눈이 휘둥그레졌다.

"낚싯대 휨새로 봐서는 엄청난 대어인 줄 알았어요. 광어가 우럭보다 더 힘이 좋은가 봐요?"

허 과장의 물음에 최 프로가 웃으며 답했다.

"우럭보다 광어가 힘을 더 쓰는 것은 아닙니다. 사용하는 낚싯대가 가늘

고 연성이어서 그렇게 보이는 것입니다. 물론 가는 낚싯대를 쓰니까 손맛

은 우럭낚시보다 월등히 좋죠."

　최 프로가 자신의 낚싯대를 들고 광어 다운샷 낚시방법을 차례차례 일러

주었다.

① 베이트릴의 클러치 레버를 눌러 낚싯줄을 풀어준다(광어 다운샷용 베이트릴은 외줄낚시용 장
　구통릴과 달리 클러치 레버가 스풀 위에 있어서 엄지로 누르기만 하면 클러치 레버가 열려 줄
　이 풀린다. 클러치 레버를 닫을 땐 핸들을 살짝 감기만 하면 자동으로 닫힌다. 그만큼 조작하
　기 편하다).
② 봉돌이 바닥에 닿는 느낌이 들면 핸들을 돌려서 클러치 레버를 닫아 낚싯줄이 더 이상 풀리지
　않게 한 다음 몇 바퀴 감아서 살짝 띄운다. 이때 낚싯대는 수면과 수평 상태에서 약간 밑으로
　향하게 한다.
③ 봉돌을 바닥에 굴린다는 느낌으로 배의 움직임에 따라 천천히 오르내리도록 한다. 파도에 배가
　출렁일 땐 낚싯대만 가만히 들고 있어도 된다.
④ '2분에 한 번씩' 릴의 클러치 레버를 눌러 줄을 풀어서 봉돌로 바닥을 찍어보도록 한다. 바닥에
　봉돌이 닿은 것을 확인하면 다시 살짝 바닥에서 띄운다.
⑤ 광어가 입질하면 낚싯대를 통해 투둑 하는 느낌이 오거나 묵직한 느낌이 온다. 묵직한 느낌이
　들 때 낚싯대를 살짝 들어주는 챔질 동작을 해준다.
⑥ 광어가 물었을 때 너무 급하게 감아올리면 안 된다. 우럭에 비해 주둥이가 약한 광어는 바늘
　이 주둥이에서 빠져버릴 수 있다. 손맛을 느끼며 천천히 낚싯줄을 감아올린다.

PAN
낚시

• • • •

포인트를 한 차례 옮긴 후 다시 낚시를 시작했다. 채비를 내리고 봉돌이 바닥에 닿는 느낌이 들었을 때 봉돌을 살짝 띄우라는 최 프로의 설명대로 릴 핸들을 돌려 낚싯줄을 감아 올렸다. 그 상태에서 그냥 가만히 입질을 기다리라고 최 프로가 말했다.

"우럭낚시처럼 고패질을 자주 하면 안돼요. 다만 봉돌이 바닥에서 너무 떨어지지 않았는지 가끔 낚싯줄을 풀어서 봉돌이 바닥에 닿게 한 후 다시 감아올리는 동작을 반복하면 됩니다."

"우럭하고 광어는 먹이를 취하는 습성이 다른가보죠?"

"우럭은 눈이 옆에 달렸지만 광어는 눈이 위에 쏠려 있잖아요. 즉 자기 눈 위로 지나가는 물고기를 잡아먹기 편하게 되어있습니다. 그래서 루어가 바닥에 깔리면 안 되니까 봉돌을 너무 바닥에 붙이지 말라는 겁니다. 광어는 해저에 배를 깔고 있다가 먹잇감이 사정권 내에 들어오면 순간 튀어 올라 물고는 다시 바닥으로 내려가서 천천히 씹어서 목구멍으로 넘깁니다. 다운샷 채비의 웜은 봉돌에서 보통 삼사십 센티미터 위에 다는데 물속에선 조류에 밀려 목줄이 휘어지게 되고 그렇게 되면 웜이 바닥층에 너무 가까워져 자칫 광어의 눈에 안 띌 수도 있죠. 그때 봉돌을 살짝 띄우면 그만큼 웜도 떠올라서 광어가 웜을 발견하기 좋습니다."

평균 40센티미터급 광어들이 여기저기서 낚여 올라오는데 허 과장은 감감무소식이다.

'왜 나에겐 입질이 없는 거지?'

문득 조금 전 최 프로가 한 말이 떠올랐다.

'광어는 바닥에 숨어 있다가 머리 위로 유영하는 물고기를 보고 튀어 오른다.'

그렇다면 고패질을 자주 해서 웜을 흔들어주어야 광어 눈에 잘 뜨일 것 같은데 왜 최 프로는 고패질을 자주 하면 안 된다고 하지? 다시 물어보았다.

"고패질을 하면 광어 눈에 루어가 더 잘 띄지 않을까요?"

"눈에 잘 뜨일 수는 있겠죠. 하지만 광어는 생각보다 날랜 고기가 아니에요. 먹잇감의 움직임이 너무 빠르면 자신이 잡기 힘든 대상이라 생각하고 포기하는 습성이 있어요."

"아하, 그렇군요. 그런데 왜 제게만 입질이 없죠?"

"글쎄요. 입질이 없을 때는 웜의 색상을 바꿔보세요. 오늘은 물색이 탁하니까 어두운 색깔이 나은 것 같군요."

"물색에 따라서 웜의 색상도 달리 사용해야 합니까?"

"그럼요. 광어의 눈에 웜이 잘 뜨이게 하기 위함이죠. 물색이 탁하면 밝은 색의 루어가 잘 보일 것 같지만 실제 물속에선 블랙처럼 어두운 색의 실루엣이 뚜렷하게 보여서 더 광어 눈에 잘 보입니다. 제가 여분의 루어낚싯대에 채비를 세팅해 드릴 테니 제 것을 한 번 써보세요."

허 과장은 최 프로가 웜을 교체하기 위해 꺼낸 태클박스 안의 다양한 웜을 신기한 듯 바라보았다. 생미끼에 비해 종류가 훨씬 다양하다. 루어의 선택이 광어 다운샷에선 중요한 테크닉임을 알 수 있었다.

　　＊　＊　＊

　최 프로가 건네준 루어낚싯대는 허 과장의 외줄낚싯대에 비하면 '깃털'이었다. 장비가 단순히 가벼워진 것뿐만 아니라 채비의 무게감이나 낚싯대를 통해 전달되는 물속의 상황들이 더 세밀해지고 정확해진 느낌이었다.

　"이 낚싯대는 정말 가볍네요. 이걸 쓰면 하루 종일 사용해도 힘들지 않겠어요."

　"가벼운 것보다 감도가 더 좋아졌죠? 우럭은 미끼를 한입에 물어서 자동 입걸림이 되지만 광어는 그렇지 않아요. 활성이 나쁠 때는 웜 꼬리만 물고 있기도 해요. 그게 입질인 줄 알고 챔질하면 헛챔질이 되는 거죠."

　"그럼 언제 채야 하나요?"

　"한 번 툭 건드리는 입질이 올 겁니다. 그러면 기다려줬다가 다시 투툭하고 선명한 입질이 들어올 때 낚싯대를 들어서 챔질을 해야 됩니다."

　입질 파악? 챔질? 우럭낚시에선 못 들어봤던 용어가 등장하자 허 과장은 머리가 복잡해졌다. 다 같은 바닷고기인데 우럭과 광어가 이렇게 다르단 말인가? 그때 토독 하는 느낌이 왔다. 옳거니! 이게 입질인가보다. 오늘 처음 느낀 광어의 입질이다. 다시 투둑 하는 느낌이 오기를 기다렸다가 한층 강하게 대를 당길 때 얼른 낚싯대를 들었다. 그러나 헛챔질이다.

　"챔질이 빨랐어요. 완전한 본신*까지 기다려줘야 합니다. 광어는 한 번

---

*본신(本信) : 본 입질이라는 뜻. 물고기가 미끼를 물 때 먹이라고 확신하고 입을 벌려 덮치는 동작이다. 보통 입질은 먹을 만한지 건드려 보는 예신(豫信) 후 본신으로 나타난다.

문 먹이는 웬만해서는 놓지 않기 때문에 놈이 웜을 완전히 입에 집어넣도록 기다린 뒤 챔질하는 게 훨씬 안전하지요. 낚싯대 끝이 확실하게 휘어지는 본신이 들어올 때 대를 들어서 챔질하는 겁니다."

호흡을 크게 한번 가다듬은 허 과장은 다시 채비를 물속에 집어넣었다. 스풀에 감겨 있는 낚싯줄이 빠르게 풀려나가다가 어느 순간 멈춰 섰다. 봉돌이 바닥에 닿은 것이다. 릴 핸들을 감자 틱—하고 클러치 레버가 잠기는 기계음이 들렸다. 핸들을 세 바퀴 감아서 봉돌이 살짝 뜨도록 만들었다.

낚싯대의 감촉에 온 신경을 집중시켰다. 드르르르~ 모래바닥에 끌리던 봉돌이 스르륵! 하고 암초에 부딪치는 느낌이 왔다. 우럭낚시에서는 느끼지 못한 감도다. 딸깍! 딸깍! 암초에 부딪치던 봉돌이 갑자기 허공에 붕 뜬 듯한 느낌으로 변했다. 가만히 보니 낚싯배가 조류에 밀리면서 채비가 암초를 벗어난 것 같았다.

다시 클러치 레버를 눌러 1미터가량 낚싯줄을 푸니 봉돌이 바닥을 찍었다. 즉시 몇 바퀴 감아올린 뒤 입질을 기다렸다. 투둑! 예신이다. 그냥 놓아두었다. 곧이어 초릿대가 쿡! 하고 물속으로 숙어졌다. 왔어! 이제야 감을 잡았다!

낚싯대를 가볍게 채 올린 뒤 핸들을 감으려는데, 의도와는 달리 핸들은 돌아가지 않고 오히려 낚싯대가 계속 아래로 내리박혔다. 쿡쿡 처박기만 하는 느낌의 우럭과 달리 좌우로 맹렬히 흔드는 요동! 자칫하면 낚싯줄이 끊어질지도 모르겠다는 두려움이 엄습했다. 우럭낚시에선 경험해보지 못한 긴장감이다.

"씨알이 상당히 큰가 본데요?"

어느새 최 프로가 뜰채를 들고 옆에 서 있었다. 마침내 수면 아래 비치는 흰 실루엣. 허연 배를 드러낸 큼지막한 광어였다. 최 프로가 날렵하게 뜰채에 광어를 담았다. 60cm가 넘는, 오늘 이 배에서 낚인 것 중 가장 큰 광어다. 광어는 분한 듯 꼬리로 탕탕 뱃전을 때리며 퍼덕이고 있었다. 광어의 날카로운 이빨이 섬뜩해서 손으로 광어를 잡을 용기가 나지 않았다. 최 프로가 광어를 찍어 누르고 플라이어로 바늘을 빼낸 뒤 다시 플라이어로 광어 주둥이를 집어서 허 과장에게 넘겨주었다.

"축하합니다. 다운샷으로 첫 광어를 잡았군요."

광어 다운샷 실전 노하우

1 고패질은 금물, 그냥 놓아두어도 입질한다

우럭낚시 하듯 고패질을 하는 것은 피해야 한다. 광어는 먹이고기 중 비실거리거나 힘없이 가라앉는 약한 개체를 공격하는데, 웜의 액션이 현란해지면 건강한 물고기인 줄 알고 사냥을 포기한다. 고패질 없이 조류에 천천히 하늘거리는 웜에 입질 빈도가 더 높다.

2 목줄 길이는 최소 1.5m 이상

낚시를 하다 보면 하루에도 몇 번씩 목줄채비를 터뜨리는 일이 많다. 그때마다 새 목줄을 매려면 시간이 많이 걸리므로 애초에 길게 매어서 쓰는 게 좋다. 그렇게 목줄을 길게 쓰려면 원줄과 목줄의 연결은 가급적 도래보다 직결법으로 묶어야 한다. 도래로 연결할 경우 정신없이 감다가 도래가 낚싯대 톱가이드에 부딪쳐 낚싯대를 파손시킬 위험이 있기 때문이다.

3 물 맑을 땐 흰색 웜, 탁할 땐 검은색 웜

어두운 심해에서는 실루엣이 강한 웜이 물고기 눈에 잘 뜨이는데, 새까만 색이나 진한 색상이 실루엣이 강하다. 그래서 어둡고 탁한 물에선 검정색, 흑갈색 웜이 잘 먹힌다. 그리고 맑은 물에선 흰색 웜이 잘 듣는다. 한편 연안낚시에서 자주 쓰는 워터멜론 계열의 투명한 웜은 배낚시에선 잘 쓰지 않는다.

4 와이드갭 훅보다 스트레이트 훅이 잘 걸린다

품이 넓은 와이드갭 훅과 품이 좁은 스트레이트 훅 중 광어 다운샷에서는 스트레이트 훅이 입걸림 확률이 높다. 와이드갭 훅은 바늘 끝이 안쪽으로 휘어져 있어 일단 걸리면 잘 빠지지 않는 장점이 있으나, 챔질의 성공률은 바늘 끝이 외부로 노출된 스트레이트 훅보다 낮다.

5 봉돌과 웜의 최적 간격은 한 뼘

봉돌과 웜의 간격은 한 뼘 즉 25~30cm가 좋다. 웜을 바닥에서 높이 띄우면 광어가 웜을 더 잘 발견하지 않을까 생각하고 40cm 이상 벌려주는 낚시인도 있는데 어쨌든 광어는 바닥에 매복해 있다가 덮치는 녀석이므로 봉돌과 너무 떨어뜨리는 것은 좋지 않다.

6 챔질은 살포시 들어주는 정도가 좋다

광어는 대부분 바늘이 입 안에 박힌 상태에서 대 끝을 가져가는 형태로 입질이 들어온다. 이때 챔질은 낚싯대를 살짝 들어주는 것으로 충분하다. 간혹 광어가 웜 끝만 살짝 무는 경우가 종종 있는데 이때 너무 세게 챔질하면 입술이 찢어지고 만다.

7.조류가 세면 봉돌과 바늘의 간격을 벌려준다

봉돌과 바늘의 간격은 30cm가 기본이다. 하지만 조류가 셀 경우 목줄이 휘어져 웜이 바닥에 닿을 수 있으므로 이때는 봉돌과 바늘의 간격을 50~60cm로 벌려주는 게 좋다.

낚싯배 위의 회 파티. 배에서
갓 낚아 먹는 회 맛이 최고다.

5장

광어 다운샷 낚시를 마스터하다

광어 다운샷 장비를 사다

최 프로와 함께 광어 다운샷 낚시를 다녀온 허 과장은 낚시대회에 참가하기 위해선 다운샷 전용 장비가 꼭 있어야 한다는 필요성을 절감했다. 일회성 낚시대회 출전을 위해 불필요한 돈을 쓰는 건 아닌가 하는 생각도 잠시 들었지만, 직접 광어 다운샷을 해보니 우럭 외줄낚시보다 더 흥미롭고 자신의 취향에도 맞는 장르라는 느낌이 들었다.

"어차피 내가 즐기게 될 낚시임이 분명해."

결심을 굳히니 망설일 이유가 없었다. 광어낚시 장비와 소품들을 쇼핑몰에서 주문하기로 했다. 먼저 자신이 갖고 있는 우럭 배낚시 장비 목록을 살펴보고 추가로 구입해야 할 것은 무엇이 있는지 알아보기로 했다.

● **허 과장의 우럭 배낚시 장비와 소품 리스트**

우럭낚싯대, 장구통릴, 구명조끼, 합사 6호 원줄, 24리터 아이스박스, 소품가방, 소품박스, 플라이어, 라인커터, 다용도 칼

● **새로 장만해야 할 광어 다운샷 장비와 소품**

바다루어낚싯대, 베이트릴, 합사 1~1.5호 원줄, 쇼크리더용 3~4호 카본사, 웜, 웜훅(웜용 바늘)

갖고 있는 장비와 필요한 장비들을 비교해보니 구명조끼와 아이스박스를 제외하고는 모두 새로 구입해야 했다. 우럭 배낚시 장비들을 구입할 때 한 차례 시행착오를 겪었기 때문에 가장 좋은 방법은 고참 낚시인에게 추천을 받는 것임을 허 과장은 잘 알고 있었다. 입문자들의 평이나 답글들을 모니터하는 것은 어디까지나 참고용일 뿐이다.

'최 프로에게 장비와 소품 추천 리스트를 받는 게 가장 좋은 방법이다!'

허 과장은 최 프로에게 메일을 보냈다.

〈안녕하세요? 며칠 전 다녀온 광어 다운샷은 너무나도 즐겁고 유익한 경험이었습니다. 낚시하면서 가르쳐주시느라 많이 귀찮으셨죠? 언제 한 번 식사를 대접하고 싶군요. 실례를 무릅쓰고 다시 한 번 부탁을 드리려 합니다. 광어 다운샷 전용 장비를 구입하려는데 무엇을 사야 할지 난감합니다. 제가 구입해야 할 낚싯대, 릴, 웜, 기타 소품을 추천해주시면 정말 감사하겠습니다.〉

답신을 기다리는 동안 낚시용품 쇼핑몰에서 광어 다운샷 장비들을 살펴보았다. 포털사이트 검색창에 '광어 다운샷'이라고 입력한 뒤 검색했다. 우럭낚시 장비를 구입했던 쇼핑몰 외에 루어낚시용품만 전문적으로 취급하는 쇼핑몰도 상당히 많았다. 검색을 통해서 찾아낸 루어 전문 쇼핑몰 리스트는 아래와 같다.

어부지리 www.afishing.com
털보낚시 www.ytfishing.co.kr
피싱랜드만어 www.manuh.co.kr
다솔낚시마트 www.dasolfishing.co.kr
심통낚시 www.stfshop.co.kr
모비스낚시아울렛 www.mobys.kr

답신은 두 시간 만에 왔다.

최 프로의 리스트를 토대로 밤샘 서핑 결과 최종 낙찰된 광어 다운샷 장비는 다음과 같다.

- **낚싯대-에스엠텍 락버드**

  광어 외에 갑오징어나 주꾸미를 같이 낚을 수 있는 범용 낚싯대로서 성능 대비 가격을 고려할 때 최상급이라고 알려져 있다. 유명 부속품을 쓰거나 디자인에 신경을 쓴 제품은 아니지만 낚싯대 본연의 기능에 충실했다는 평이다. 낚싯대 전문 회사에서 만들어서 애프터서비스도 좋다고. 가격은 7만5천원.

- **릴-아부가르시아 블루맥스 후네**

  보급형에 들어가는 베이트릴. 제조사의 애프터서비스가 철저하다는 게 장점으로 꼽혔다. 여기저기 들어보니 소형 베이트릴은 잔 고장이 많아서 애프터서비스 문제로 마음 고생하는 일이 많다고 했다. 출시 이래 계속해서 좋은 평판을 받고 있는 게 마음에 들었다. 가격은 8만9천원.

- **낚싯줄(원줄)-서픽스 고어 832 1.5호**

  1.5호 굵기는 가벼운 충격에도 손상이 갈 수 있는 얇은 합사이기 때문에 신뢰성 높은 고급 합사를 구입하라는 게 최 프로의 어드바이스. 높은 내마모성과 표기 강도 이상의 튼튼함이 특징인 제품이다. 가격은 3만5천원.

- **쇼크리더(목줄)-원탑 카본 쇼크리더**

  쇼크리더는 물고기를 직접 상대하므로 손상이 많이 가는 부분이다. 낚싯줄 전문 회사의 카본라인 중에서 50m 제품을 선택했다. 가격은 1만2천원.

● **웜–어택베이트 5종 세트**

광어 전용으로 출시된 섀드 타입의 5인치 웜으로서 다양한 컬러가 특징이다. 20여 가지 색상 중 내추럴한 색상, 강렬한 색상이 같은 비율로 들어 있다는 것도 매력. 가격은 2만5천원.

● **바늘–웜훅 5종 세트**

광어용 웜에 어울리는 3/0~4/0 크기의 웜훅 중에서 상황에 따라 사용할 수 있는 스트레이트 타입과 와이드갭 타입을 섞어 포장한 세트 상품. 한 번 사 놓으면 두고두고 쓸 수 있다. 가격은 1만원.

● **봉돌–30~50호 2봉지 세트**

30~40호 봉돌이면 대부분의 광어낚시터에서 쓸 수 있는 중량이다. 이보다 가볍거나 무거운 봉돌이 필요한 경우엔 현지에서 구입하라는 게 최 프로의 조언. 가격은 1만원.

허 과장의 광어 다운샷 장비 · 소품 구입 리스트

0303=1B(95.6.26.개정)

영 수 증 (공급자용)

No.   귀 하

작성년월일	공급대가총액	
20 . . .	₩	비 고

월일	위 금액을 정히 영수(청구)함 품 목	공급대가(금액)
	낚싯대 에스엠텍 락버드	7만5천원
	릴 아부가르시아 블루맥스 후네	8만9천원
	낚싯줄 서픽스 고어 832	3만5천원
	쇼크리더 원탑 카본 쇼크리더	1만2천원
	웜 어택베이트 5종 세트	2만5천원
	바늘 웜훅 5종 세트	1만원
	봉돌 30~40호 2봉지 세트	1만원

부가가치세법시행규칙 제25조의 규정에 의한(영수증)으로 개정

총 비용 25만 6천원

광어 다운샷용 낚싯대

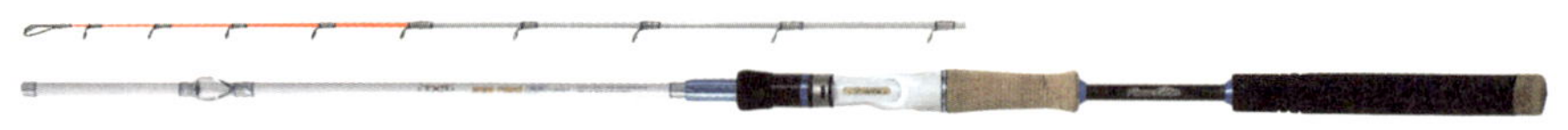

바낙스 씨레이드AR

고감도 솔리드 팁으로 예민한 입질에 대응한다. 핸들 분리형과 투피
스형으로 출시돼 총 4종이 있다. 화이트펄 도료를 사용해서 외관이
화려하다. 길이는 2~2.15m, 무게는 150g 내외, 가격은 13~14만원.

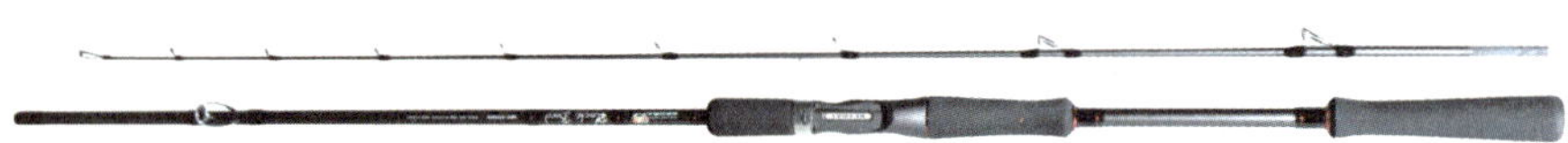

에스엠텍 락버드

광어 다운샷뿐 아니라 주꾸미, 갑오징어 선상 에깅낚시에도 적합한
범용 루어낚싯대로 설계된 제품이다. 무게는 130g으로 장시간 낚시
에도 피로감이 덜한 경량 타입이다. 662M과 662MH 두 가지 모델이
있으며 가격은 7만5천원.

엔에스 허리케인 SW2

초릿대가 부드럽고 크게 휘어지는 레귤러 액션 타입. 핸들분리형 제
품으로 처음 출시되었고 이동성을 고려한 투피스 모델이 새로 추가됐
다. 스피닝용 5종을 포함해 총 4종 모델. 가격은 11만~14만원.

제이에스컴퍼니 닉스팝오션

조작성, 휴대성을 겸비한 다목적 선상 루어대로서 120g 무게의 초경
량 제품이다. 662RS과 662VS 두 가지 모델이 있으며 광어 다운샷에
는 662VS를 주로 쓴다. 가격은 9만5천원.

*이 책에 소개하는 낚시용품들의 가격은 판매처에 따라 차이가 있을 수 있다.

루어 낚싯대의 강도(파워)와 휨새(테이퍼)

루어낚시에선 낚싯대를 설명할 때 강도나 파워, 휨새 등으로 특성을 설명하곤 한다. 강도와 파워, 휨새와 테이퍼는 서로 같은 말로서, 사용 가능한 루어나 봉돌의 무게, 낚싯대의 휘어지는 정도를 나타내는 말이다.

●**강도(파워)**–사용할 수 있는 루어의 중량이나 대상어를 끌어낼 수 있는 힘을 나타내는 말이다. 단순하게 낚싯대의 빳빳한 정도를 표현한다고 보면 맞다. 울트라라이트(UL), 라이트(L), 미디엄라이트(ML), 미디엄(M), 미디엄헤비(MH), 헤비(H) 등으로 표시한다. 울트라라이트가 가장 부드럽고

채비의 무게로 인해 휘어진 낚싯대.

헤비가 가장 빳빳하다. 하지만 이러한 분류는 소형 어종부터 대형어종까지 두루 노리는 민물용 루어 낚싯대를 위한 분류로서, 큰 대상어를 노리는 바다낚시에선 미디엄라이트부터 미디엄헤비가 주로 사용된다. 그립 위쪽을 보면 미디엄라이트 등 강도 표시가 보이고 또 사용할 수 있는 봉돌의 무게를 밝혀 놓았다.

●**휨새(테이퍼)**–낚싯대가 휘어지는 정도를 말한다. 고기를 걸었을 때 낚싯대의 어느 위치에서 휘어지는가를 구분해 놓은 것인데 패스트 테이퍼(초리 휨새), 레귤러 테이퍼(허리 휨새), 슬로우 테이퍼(몸통 휨새)로 분류하며 바다낚시에선 패스트 테이퍼와 레귤러 테이퍼가 주로 쓰인다.

낚싯대의 휨새(테이퍼)

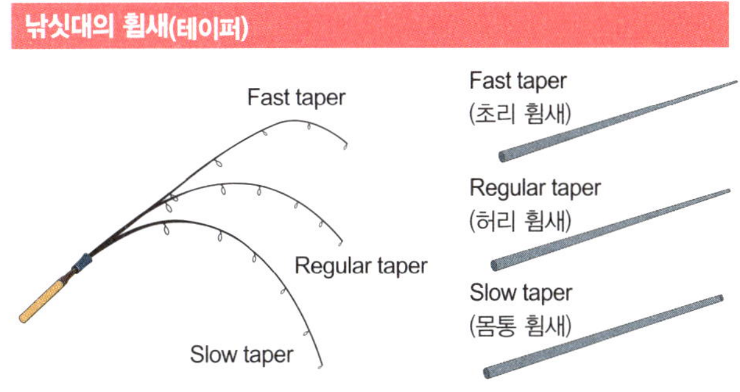

광어 다운샷용 베이트릴

광어 다운샷 등 바다 선상 루어낚시에선 베이트캐스팅릴(Baitcasting Reel, 줄여서 베이트릴)을 주로 쓴다. 민물루어낚시용 베이트릴을 염분에 강한 소재로 개량한 바다루어용 베이트릴이 생산되고 있다.

바낙스 렉시마 라고

외장, 베어링, 스풀, 핸들 등에 부식 방지 처리가 된 제품이다. 블루 컬러에 금장을 더한 디자인이 깔끔하다. 파워형 핸들 장착. 낚싯줄이 많이 감기는 딥스풀 구조로 3호 합사 200m가 넉넉히 감긴다. 17만5천원.

다이와 리절트

기본 성능에 충실한 경량 릴이다. 무게는 250g. 6.3:1의 높은 기어비로서 55cm 롱타입 핸들이 달려있다. 매끄러운 외관에 마그네틱 브레이크가 장착돼 있다. 비교적 작은 크기지만 3호 합사가 130m까지 감긴다. 13만~15만원.

시마노 큐라도 300

바다 전용 릴로서 파워 알루미늄으로 만들어 내구성이 좋다. 310g으로 약간 무거운 편이나 그만큼 튼튼한 힘 전달 체계를 갖췄다. 밸런스 파워핸들이 장착됐으며 릴링이 부드럽고 대형어 입질을 받았을 때 진가를 발휘한다. 41만~43만원.

아부가르시아 블루맥스 후네

마그네틱 브레이크를 채택한 보급형 바다 전용 릴. 2호 합사가 200m 감기는 넉넉한 크기이면서 힘이 덜 드는 파워핸들이 장착돼 있다. 플리핑 스위치가 있어서 클러치만으로도 조작할 수 있다. 8만9천원.

도요 우라노 인쇼어

좌핸들과 우핸들 두 가지 모델을 고를 수 있고 기본 핸들 외에 지깅용, 밸런스용 등 여러 핸들 옵션을 추가 선택할 수 있는 게 매력. 마그네틱 브레이크 시스템으로서 무게는 210g이다. 기어비는 6.4:1, 7.1:1 두 종류이며 드랙력은 6kg, PE라인 1.5호가 230m 감긴다. 14만5천원.

*이 책에 소개하는 낚시용품들의 가격은 판매처에 따라 차이가 있을 수 있다.

광어용 웜

작은 물고기 형태인 섀드형(Shad Type) 웜을 주로 쓴다. 활성도가 높을 때는 5~6인치, 낮을 때는 3~4인치 크기가 적당하다. 5인치 웜은 사계절 두루 쓸 수 있다. 이 웜으로 우럭도 함께 낚을 수 있다.

버클리 저크섀드 5인치

볼륨감 있는 외형으로 광어 활성도가 높을 때 효과가 좋다. 1봉지에 9천원.

라팔라 트리거엑스 미노우 5인치

유인제가 함유된 자연 분해 재질의 웜이다. 1봉지에 8천원.

에스엠텍 V섀드 4.5인치

바디 라인을 단순화해서 물속에서의 액션이 자연스럽고 조류에 의한 떨림이 장점이다. 1봉지에 6천원.

에코기어 파워섀드 5인치

물고기 형상의 다운샷리그용 웜으로서 작은 옆지느러미가 미세한 파동을 일으키고 꼬리 부분의 액션이 부드러워 조류에 따라 좌우로 흔들리는 움직임이 크다. 펄이 들어간 은색 웜이 잘 먹힌다. 1봉지에 8천원.

캣츠크로우 어택베이트 4~5인치

실제 물고기와 흡사한 외형. 20여 가지 다양한 컬러가 장점. 1봉지에 5천원.

배스어새신 5~6인치

대중적 인기가 높은 웜으로서 포크테일, 스트레이트테일 등 크기와 형태가 다양하다. 1봉지에 7천원.

다미끼 앤초비섀드 5인치

날렵한 멸치 형상의 웜. 1봉지에 7천원.

다운샷용 원줄

1~2호 PE합사가 적당하다. 120~150m 제품이면 웬만한 바다용 베이트릴에 다 감긴다. 비상용으로 여분의 합사도 한 타래 준비하는 것이 좋다. 특별히 광어 다운샷에 효과적인 컬러는 없지만 녹색 등 어두운 색상을 쓰는 게 일반적이다.

파워프로 수퍼슬릭(2만8천원)

스파이더와이어 스텔스(3만5천원)

서픽스 고어832(3만5천원)

썬라인 캐스트어웨이(5만6천원)

다운샷용 쇼크리더

나일론사나 카본사 단사를 사용한다. 4~5호를 많이 쓰고 길이는 2~3m면 적당하다. 한 타래에 50~100m가 감긴 제품이 판매되고 있다. 가격은 5천~3만원. 1만5천원 안팎의 제품이 무난하다.

쇼크리더 카본사

최 프로의 비밀병기

　광어 다운샷 낚시대회 이틀 전, 허 과장은 묘한 긴장감에 휩싸여서 하루 종일 일이 손에 잡히지 않았다. 중요한 운동경기를 앞둔 선수의 심정이랄까? 고등학교 학창시절 반 대항 농구대회 결승전에 출전했을 때가 다시 떠올랐다. 컴퓨터에 앉아 다시 한 번 대회 요강을 살펴보았다.

모든 준비는 끝났다. 최 프로의 도움으로 광어 다운샷 장비와 소품, 웜을 모두 구입하고, 매듭법을 매일 연습한 결과 이제 어떤 상황에서도 다운샷 매듭과 직결 매듭을 능숙하게 할 수 있었다. 그런데 이렇게 가슴이 떨리는 이유는 뭘까?

혹 실수를 해서 남의 낚싯줄을 걸면 어쩌지? 과연 초보자인 내가 낚시대회에서 마 과장을 이길 수 있을까?

"띠리리리릭~"

한동안 생각에 잠겨 있던 허 과장은 핸드폰 소리에 화들짝 놀랐다. 전화번호는 서울 지역번호인데 눈에 익었다. 누구지? 핸드폰을 든 순간 허 과장은 놀랐다. 마 과장! 그 녀석인 것이다.

"여어~ 허 과장. 안녕하신가? 어떻게 잘 지내고 있는 거지?"

"음, 당신이 어쩐 일이지? 평소 전화 한번 안 하던 사람이… 웬일이야?"

"임 부장님에게 얘기를 전해 들었어. 허 과장도 이번 광어 다운샷 바다낚시대회에 참가한다며?"

"그래, 나도 바다낚시를 좋아해서 임 부장님이 대회에 참가한다고 하시기에 같이 가자고 그랬지. 마 과장도 대회에 참가한다면서?"

"그래. 나야 매년 이 대회에 참가하지. 작년엔 아깝게 4위에 그쳐서 입상대엔 오르지 못했지만, 올해는 꼭 트로피를 타고 말 거야. 그런데 허 과장이 낚시를 즐긴다는 얘기는 금시초문이어서 나도 놀랐는걸. 그래 준비는 잘 되어가나?"

"준비랄 게 있어? 그냥 바닷바람 한번 쐬러 가는 거지."

"그래? 어디 허 과장 낚시 솜씨 한번 볼까? 내일 오천항에서 보자고."

훗
자네가 나한테
웬일이야!
전화를…

전화기를 책상에 내던진 허 과장은 어떻게 하면 이 녀석의 코를 납작하게 만들 수 있을까 생각했다. 마 과장의 비아냥대는 듯한 목소리가 귓전에 맴돌았다.

• • •

집으로 돌아오는 내내 기분이 좋지 않았다. 어느 모로 보나 오래 낚시한 마 과장이 월등히 유리한 상황이다. 녀석을 확실히 꺾을 수 있는 방법이 없을까?

'그래, 최 프로라면 묘책을 알고 있을지 몰라. 그에게 다시 한 번 도움을 구해보자.'

집으로 돌아와 식사를 하는 둥 마는 둥 마치고 서재로 들어온 허 과장은 최 프로의 전화번호를 찾은 뒤 통화 버튼을 눌렀다.

"아, 허 과장님. 어쩐 일이세요?"

"통화 괜찮으세요? 무얼 좀 물어 보려 전화했습니다. 매번 신세만 지네요."

"괜찮습니다. 말씀해 보세요."

"다른 게 아니라, 제가 내일모레 충남 오천항에서 열리는 광어 다운샷 바다낚시대회에 참가합니다. 어떻게 하다 보니 사정이 생겨서 참가하기는 했는데 걱정입니다. 혹시 광어낚시대회에서 입상할 수 있는 비책 같은 건 없을까요? 답답한 마음에 이렇게 전화를 드렸습니다."

"하하, 대단하십니다. 광어낚시를 배운 지 얼마나 됐다고 대회에 참가하십니까. 오천항 광어 다운샷 대회, 저도 잘 알고 있죠. 바다루어낚시대회 중 규모가 가장 큰 편이죠."

"대회에 나갈 실력이 못 된다는 것은 제가 잘 알고 있습니다. 하지만 이 대회에서 제가 꼭 좋은 성적을 거둬야 할 이유가 있어서 이렇게 부탁을 드리는 겁니다. 좋은 정보가 있으면 말씀해주십시오."

"낚시대회라는 게 꼭 실력이 있어야만 입상하는 건 아닙니다. 물론 자신의 실력도 중요하지만 어느 배를 타느냐가 더 중요해요. 포인트를 정확히 아는 선장의 배를 타면 입상권에 들 가능성이 크죠. 그런데 낚시대회에선 추첨으로 승선할 배를 배정받게 되니까 사실 운이 좀 따라야 할 텐데…."

허 과장은 맥이 탁 풀렸다. 최 프로라면 광어낚시대회의 묘수 같은 게 있을지도 모른다 싶어 전화를 건 것인데 그런 건 없다는 얘기 아닌가. 그런데 최 프로의 다음 말이 허 과장의 귀를 번쩍 뜨이게 했다.

"오천항이라고 했죠? 오천이면 가까운 바다에도 광어 포인트가 많아서 아마 배가 멀리 나가지는 않을 겁니다. 그렇다면 수심이 삼십 미터 이쪽저쪽일 텐데… 봉돌 대신 메탈지그를 챙겨가 보십시오."

"메탈…지그요?"

"네. 메탈지그는 쇠로 만든 기다란 루어인데 깊은 바다 속에서 반짝거리는 액션으로 고기의 호기심을 자극합니다. 원래 그 끝에 바늘을 달아서 대구나 방어 같은 어종을 노릴 때 사용하는 루어에요. 광어 다운샷을 할 때 봉돌 대신 메탈지그를 달면 광어가 멀리서도 메탈지를 보고 쫓아와서 더 잘 낚일 때가 많습니다. 이때 메탈지그에 달려 있던 바늘은 떼고 어시스트 훅을 달아서 사용해야 합니다."

메탈지그, 어시스트훅? 처음 들어보는 말이지만 허 과장은 기다리던 답이 나온 것 같아 가슴이 뛰기 시작했다.

• • •

허 과장은 득달같이 최 프로의 집으로 달려갔다. 허둥지둥 옷을 챙겨 입고 집을 나서는 모습을 아내와 아이들이 이상하다는 듯 바라봤다. 경기도 용인에 있는 최 프로의 집까지는 허 과장의 집에서 한 시간 거리. 밤에 찾아가는 것이 실례라는 것을 알면서도 차는 벌써 최 프로가 사는 아파트 단지로 들어서고 있었다.

현관문을 열어주는 최 프로에게 허 과장은 머리를 여러 번 숙이면서 미안하다고 말했다. 최 프로는 가볍게 미소를 지으며 허 과장을 맞았다. 꽤 넓은 집에서 살고 있는 최 프로는 서재를 겸한 낚시방을 따로 갖고 있었다. 방 한편을 가득 채운 낚싯대들과 각종 릴들, 가방과 소품들을 본 허 과장은 벌린 입을 다물 수 없었다. 낚싯대만 수십 대에 이르고 벽에는 처음 보는 루어와 소품들이 줄줄이 걸려 있었다. 흡사 낚시점에 와있는 착각이 들었다.

"아니, 그렇게 급하셨어요? 하하. 열정이 대단하십니다."

허 과장이 아무 말도 못하고 머리를 긁적였다. 그에게 지금 듣고 싶은 말은 메탈지그에 대한 설명이었다.

"메탈지그가 어떤 것입니까?"

최 프로가 태클박스를 갖고 와서 길고 무거운 금속 루어를 꺼내서 보여

우와!
이것이 바로
"메탈지그"
최고~

주었다. 길이는 10센티미터 정도, 마름모를 길게 잡아 늘인 것처럼 생겼는데 표면은 물고기 비늘처럼 반짝거렸고 끝에 세발바늘이 달려 있었다. 직접 들어보니 납봉돌과 비슷한, 꽤 무거운 중량이었다.

"이게 메탈지그(Metal Jig)입니다. 북유럽의 어부들이 오래전부터 써왔던 어업도구에서 발전한 루어죠. 소재는 납이고 표면은 형광 페인트로 코팅한 겁니다. 물속에 빠뜨려서 낚싯대로 쳐올리면 특유의 반짝임이 물고기의 호기심을 자극합니다. 광어의 입장에선 시커먼 일반 봉돌보다 반짝거리면서 내려오는 메탈지그에 더 강한 호기심을 보이는 거죠. 저는 세발바늘을 떼 버리고 여기 보이는 것처럼 어시스트훅을 달아 씁니다. 세발바늘은 바닥걸림 위험이 높고, 입질이 왔을 때 히트 확률도 어시스트훅이 세발바늘보다 높거든요. 이렇게 하면 윔에 입질하는 광어도 낚을 수 있고, 메탈지그에 달려드는 광어도 잡을 수 있으니 그만큼 입질 확률이 높아지는 셈이죠."

최 프로가 보여준 어시스트훅은 6~7센티미터 길이의 굵은 합사에 광어 다운샷용 바늘보다 조금 작은 크기의 바늘을 묶은 목줄이었다. 최 프로는 다운샷 채비와 연결하는 메탈지그 상단 고리에 어시스트훅을 끼우고는 설명을 이어갔다.

"어시스트훅은 낚시점에 판매하는 것을 사서 쓰면 됩니다. 하나를 달면 싱글훅, 두 개 달면 더블훅이라고 부르는데 제 경험상 광어낚시에선 하나만 달아도 충분해요."

설명을 다 들은 허 과장은 궁금증이 생겼다.

"그렇게 효과가 좋다면 사람들이 많이 쓰겠네요. 그런데 일주일 전 광어 다운샷 낚시를 갔을 때 아무도 이것을 쓰지 않았던 것 같은데요."

"비싸기 때문이죠. 메탈지그는 싼 게 5천원, 비싼 것은 몇 만원에 이릅니다. 이런 루어를 값싼 봉돌 대신 사용하려는 낚시인들은 많지 않죠. 싱커 대용으로 쓰다가 암초에 걸려 떨어지면 정말 아깝잖아요. 그러나 메탈지그의 위력을 아는 대구낚시나 방어 루어낚시 경험자들은 이걸 갖고 다니죠. 그런데 메탈지그가 일반 봉돌보다 꼭 나은 것은 아닙니다. 하강할 때 지그 재그 식으로 내려가기 때문에 깊은 수심에서 쓸 때는 채비 입수 속도가 느려서 오히려 불리합니다. 만약 낚시대회가 30미터 이내 수심에서 진행된다면 메탈지그가 승산이 있지만 더 깊은 수심에서 대회를 한다면 오히려 역효과가 날 수 있습니다."

메탈지그와 어시스트훅

메탈지그를 구입하면 루어 하단에 세발바늘이 달려 있다. 이 바늘을 그대로 사용하면 밑걸림 때문에 낚시하기 힘들다. 그래서 세발바늘을 떼어내고 메탈지그 상단의 고리에 어시스트훅을 매달아 사용한다. 어시스트훅(assist hook)이란 말 그대로 보조 바늘이다. 봉돌 대신 메탈지그를 달면 입질 확률은 높지만 봉돌보다 밑걸림이 자주 발생하기 때문에 손실 횟수가 많고 그만큼 비용 증가 부담이 있다. 메탈지그는 5천~1만5천원. 어시스트훅은 5천원 전후.

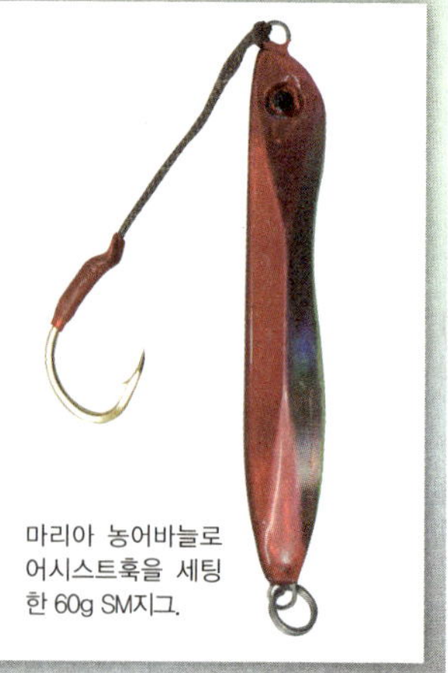

마리아 농어바늘로 어시스트훅을 세팅한 60g SM지그.

"수심이 변수가 될 수 있는 거군요."

허 과장은 지그시 입술을 깨물었다.

"그렇죠. 하지만 제 예상이 맞다면 오천항의 낚시대회는 25내지 30미터 수심에서 진행될 확률이 높습니다. 제가 메탈지그를 몇 개 드릴 테니 가져가서 써보세요. 60에서 90그램짜리인데 이 무게가 적당할 겁니다."

허 과장은 두 손으로 공손히 메탈지그를 건네받고 메탈지그의 값을 물었다. 하지만 최 프로는 웃으며 손사래를 쳤다.

"낚시인들끼리는 낚시도구를 사고파는 법이 아닙니다. 이 루어로 입상하면 그때 밥이나 한 끼 사세요."

운명의 승부

전국에서 온 낚시인들의 차량이 오천항의 입구부터 길게 늘어섰다. 오늘 이 대회엔 100명의 낚시인이 참가하고 12척의 배가 대회 전용선으로 사용되었다. 오천항 광장은 선수들과 동료, 대회 운영진과 내빈들, 오천항 주민들까지 어울려 축제장을 방불케 했다. 주최 측인 한국조구사의 직원과 필드스탭들이 천막과 무대를 분주히 오가면서 대회 진행과정을 설명하고 있었고 해양경찰들도 곳곳에서 대회 진행을 돕고 있었다.

대회 시작 한 시간 전에 일찌감치 도착했는데도 임 부장과 마 과장은 먼저 와있었다. 두 사람 모두 넥타이를 맨 모습만 보다가 낚시복 차림을 보니 딴 사람 같았다.

"여어, 허 과장. 이렇게 보니 완전 낚시인이군. 우린 이미 대회 접수 확인하고 이렇게 번호표까지 받아왔으니 허 과장도 얼른 갔다 와."

임 부장은 어깨끈이 달린 번호표를 흔들어보였다. 마라톤 선수들이 착용하는 것과 비슷했다. 길게 줄이 늘어선 접수창구로 갔다. 허 과장이 받은 번호표는 78번. 제발 오천항 최고의 선장 배를 배정받게 해달라고 허 과장은 마음속으로 빌었다.

낚싯배 추첨 결과가 발표됐다. 허 과장이 승선할 배는 5번, 순풍호였다. 임 부장은 2번 명진호를 타게 됐고 마 과장은… 공교롭게도 허 과장과 같은 순풍호였다. 허 과장은 내심 임 부장과 같은 배를 타고 마 과장은 다른 배를 타기를 원했는데 거꾸로 된 셈이다. 마 과장의 표정도 썩 좋지 않았다. 그 역시 임 부장과 한 배를 타고 싶었으리라. 마 과장이 먼저 말을 걸었다.

"허 과장. 같은 배를 타게 됐는데 진검승부를 한번 펼쳐보자고."

"좋지. 낚시경력이야 자네가 월등하지만 길고 짧은 건 대봐야 아는 것 아니겠어?"

각 낚싯배엔 한국스포츠피싱협회에서 나온 심판들이 한 명씩 탑승했다. 선수들이 배에 모두 탑승하자 자리 추첨을 했다. 갑판의 자리마다 번호를 매긴 뒤 각자 뽑은 번호의 자리에 앉는 식이었다. 허 과장은 중간, 마 과장은 배 뒤편에 앉게 되었다.

자리를 배정 받은 참가자들은 빠른 손놀림으로 채비를 세팅했다. 허 과장은 넌지시 마 과장의 채비를 보았다. 마 과장이나 다른 선수들이나 특별한 채비는 아니었다. 채비를 직접 묶지 않고 낚시점에서 구입한 기성품을 사용하는 낚시인도 있었다. 우럭낚시용 장비를 갖고 온 참가자도 눈에 띄었다.

'최 프로처럼 고수다운 포스를 풍기는 사람은 없군. 이거, 한 번 해볼 만한 걸!'

VS

배들은 1번 선박부터 순서대로 항구를 빠져 나갔다. 날은 맑고 파도도 잔잔했다. 순풍호는 다른 배보다 꽤 멀리 나갔다. 40여분을 나간 뒤에야 비로소 채비를 내리라는 버저음이 울렸다.

허 과장은 채비에 만전을 기했다. 쇼크리더의 길이는 2미터, 입걸림이 잘 되는 2/0 스트레이트훅에 물색이 맑은 것 같아서 흰색 4인치 섀드형 웜을 꿰고 맨 밑에 30호 봉돌을 달았다. 첫 채비를 내렸다. 한참 내려가서야 봉돌이 바닥에 닿는 느낌이 들었다. 마침 선장이 조타실 밖으로 내다보기에 "수심이 얼마나 되느냐"고 물어 보았더니 "35미터"라고 알려주었다. 핸들을 두 바퀴 돌려서 봉돌을 살짝 띄운 뒤 낚싯대를 조금 숙였다.

무언가 건드리는 느낌. 이건 고기가 아니다. 그리고 잠시 후 토독 하는 느낌. 이건 물고기가 건드리는 것이다. 조금 더 집중했다. 초릿대 끝이 숙여지고, 무언가 끌어당기는 느낌이 확연해졌다. 거의 반사적으로 낚싯대를 위로 쳐들며 챔질하자 아래에서 쿡쿡 내리박는 느낌이 들었다. 걸었다! 조심조심 핸들을 돌리며 줄을 감아올리자 수면 아래에 어영이 비쳤다. 광어를 건 것이다. 선장의 도움으로 뜰채에 담은 녀석은 40센티미터급 광어. 주변에서 "축하합니다"하는 말이 여기저기에서 들려왔다. 고개를 돌려서 확인하지는 않았지만 마 과장이 바라보는 시선도 느껴졌다. 내가 첫 고기를 걸다니, 이거 시작이 좋구나!

다시 채비를 내렸다. 여기저기서 광어가 올라왔지만 30센티미터가 조금 넘는 잔 씨알이었다. 옆 자리의 낚시인들이 주고받는 말이 들렸다. "오늘 배를 잘 탄 것 같아. 여기 순풍호 선장이 오천항에서 고기 잘 잡게 해주는 선장으로 유명하대.”

그때 마 과장이 광어를 끌어내는 모습이 보였다. 다행히 씨알은 크지 않았다. 마릿수는 많이 나오는데 큰 씨알이 없는 게 아쉬웠다. 선장이 마이크를 통해 “지금이 밀물이니까 입질이 활발할 시간입니다. 지금 많이 잡아 놓아야 해요”하며 선수들을 독려했다.

허 과장 자리가 조타실 바로 옆이라서 선장끼리 주고받는 무선통신 내용이 슬쩍슬쩍 들렸다. 다른 배들은 조황이 신통치 않은가보다. 오늘 배를 잘 탔고 현재로선 자신이 가장 큰 광어를 낚은 것 같았다. 기대 이상의 결과가 나올지도 모른다는 생각이 들었다.

‘그래. 보란 듯이 마 과장이 보는 앞에서 상패를 흔들어 보이는 거야.’

순간 주위에서 환호성이 들렸다. 배 뒤편이었다. 마 과장이 꽤 큰 광어를 들어 올리고 있었다. 무려 50센티미터가 넘는 광어였다. 허 과장의 광어보다 10센티미터는 더 컸다.

• • •

두 시간 동안 이어진 입질은 정오가 가까워오자 뜸해졌다. 허 과장은 40센티미터급 한 마리와 30센티미터급 두 마리의 광어를 추가로 낚았다. 그러나 작은 광어는 아무리 많이 낚아도 소용없다. 마 과장을 이기려면 50센티미터가 넘는 광어가 필요하다. 배가 고파서 잠시 낚싯대를 놓고 아침에 나눠준 도시락을 꺼내 먹으려고 하는데 마 과장이 다가왔다.

"아까 쓸 만한 씨알을 낚던데, 낚시를 열심히 배웠나봐? 채비도 직접 묶어 쓰고 말이야."

"점심 먹고 나서 썰물 찬스가 한 번 있으니까 그때 큰 녀석을 노려봐야지."

"호오, 썰물 찬스까지…. 내가 낚은 광어는 50센티가 넘더라고. 그 정도면 오늘 입상권을 노려볼 만하겠어. 허 과장도 열심히 해봐."

자기 자리로 돌아가는 마 과장의 뒤통수를 한 대 쥐어박고 싶은 심정이 굴뚝같았다. 자기는 큰 고기를 잡았으니 여유가 있다 이거지? 식욕이 싹 달아난 허 과장은 밥을 반쯤 남기고 다시 낚시자리로 갔다. 이제 비장의 무기를 써보기로 했다. 봉돌을 떼어내고 최 프로가 건네준 메탈지그를 달았다. 주변을 살펴보니 메탈지그를 단 낚시인은 아무도 없었다.

물때가 썰물로 바뀌었는지 조류가 다르게 흐르고 있었다. 메탈지그를 세팅한 채비를 물속에 던졌다. 내려가는 속도가 약간 느려진 것 같은데 바닥에 닿는 느낌은 봉돌과 큰 차이가 없었다. 그런데 얼마 안 있어 채비가 꼼짝도 하지 않았다. 바닥을 건 것인가? 아니면 더 큰 고기?

"내 채비와 걸린 것 같아요!"

뒤에서 들려오는 외침에 돌아보니 한 낚시인이 낚싯대를 들고 낑낑대고 있었다. 허 과장의 줄과 서로 엉킨 것이다. 허 과장은 자신의 낚싯줄을 풀어주었고 뒤편에서 엉킨 채비를 감아올릴 때까지 기다렸다. 시간을 보니 대회 종료까지 1시간 30분 남았다. 회항하는 시간 40분을 감안한다면 얼마 남지 않은 시간이다. 한창 바쁠 때 채비까지 엉키다니… 허 과장의 마음은 까맣게 타들어갔다.

"뚜우우~"

버저음이 울렸다. 모든 채비를 회수하라는 신호다. 선장이 마이크를 통해 말했다.

"생각보다 썰물 조류가 빠릅니다. 급류대를 피해 섬 가까이로 이동하겠습니다."

순간 허 과장의 가슴이 뛰었다. 이것은 분명 행운의 징조다. 섬 가까이는 수심이 얕다. 메탈지그의 위력을 발휘할 가능성이 커진 것이다.

엉킨 채비를 잘라내고 새로 바늘을 묶었다. 다행히 쇼크리더를 2미터 정도 길게 매어두어 여분의 쇼크리더가 1미터 이상 남은 상태였다. 바늘을 다시 묶고 웜을 꿴 뒤 메탈지그를 달았다.

"뚜우우~"

채비를 내리라는 버저음이 울렸다. 회심의 일투. 메탈지그가 내려가는 느낌이 아까보다 더 분명해졌다. 마치 나뭇잎이 떨어지듯 흔들흔들… 마침내 바닥에 메탈지그가 닿는 순간 무언가 덜컥 하는 느낌이 들었다. 밑걸림은 분명히 아니다. 순간 최 프로가 한 말이 머리를 스쳐 지나갔다.

"큰 광어, 그러니까 대광어는 주둥이가 강해서 작은 광어처럼 살포시 들어주는 챔질로는 설 걸릴 수 있어요. 덜컥 하는 느낌이 들면 그때는 지금까지 하던 챔질과 달리 더 세게 위로 들어보세요."

그러나 만약 이 느낌이 바닥걸림이면? 강한 챔질로 채비만 뜯기게 될 것이다. 잠시 주저하다가 허 과장은 낚싯대를 세차게 들었다. 후두둑! 낚싯대

와우~
엄청나게 큽니다!
일등고기!
축하합니다!

를 통해 고기가 걸렸다는 느낌이 들었다. 지금까지 걸어본 씨알과는 무게 감이 확연히 다르다. 낚싯대가 우악스럽게 휘어졌다. 선장이 다급하게 뜰 채를 들고 뛰어왔다.

"큰놈이에요! 천천히 감아요. 천천히!"

가슴이 방망이질치고 있었다. 이 녀석이 정말 광어란 말인가? 이렇게 무 거운 광어가 있나? 마치 대형 우럭을 쌍으로 건 듯 무거워서 릴의 핸들을 돌리기가 어려웠다. 일찌감치 경기를 포기한 몇몇 낚시인이 옆으로 다가와 서 허 과장의 파이팅을 지켜보고 있었다.

마침내 수면 아래 어른거리는 고기는 광어였다. 엄청난 씨알이다. 뜰채 에 담은 광어는 70센티미터급. 심판관이 계측자를 들이댔다. 65센티미터! 허 과장은 자신도 모르게 환호성을 질렀다. 발밑에서 펄떡거리는 광어를 보면서도 이 녀석이 정말 자신이 잡은 고기인지 실감이 나지 않았다. 심판 관이 광어의 주둥이에 허 과장의 접수 번호인 '78번' 꼬리표를 달아 주었다.

다운샷 낚시로 90센티미터급 광어를 낚은 여성 낚시인.

시상대에 오르다

대회 종료 시간에 맞춰 낚싯배들이 속속 오천항으로 들어왔다. 배에서 내린 낚시인들은 자신이 잡은 광어 중 최대어를 한 마리씩 들고 중량을 재기 위해 본부석으로 향했다. 허 과장 역시 광어가 담긴 아이스박스를 들고 본부석으로 향했고 그 뒤를 마 과장이 따랐다. 마 과장이 허 과장의 어깨를 툭 치면서 말했다.

"아까 보니까 씨알이 굉장히 크던데? 그래도 이 대회는 물고기의 길이가 아니라 중량으로 순위를 매기는 거니까 결과는 알 수 없는 거라고."

정오까지 의기양양했던 마 과장의 기세는 많이 꺾여 있었다. 그래도 여전히 거들먹거리며 젠체하는 꼴이라니. 흥, 길이가 아니라 중량이라고? 씨알만 봐도 마 과장의 광어는 허 과장이 낚은 것과 비교가 되지 않았다.

본부석 앞에 줄을 서서 검량을 기다리는 낚시인들을 보니 허 과장이 낚은 고기보다 큰 광어는 별로 보이지 않았다. 확실히 순풍호에 탄 낚시인들의 성적이 상위권이었다. 허 과장 차례가 되었다. 광어를 저울에 올리자 액정화면에 '3.1kg'이란 숫자가 떴다. 주변에서 와~ 하는 탄성이 일었다. 다른 참가자들의 광어 중량이 2킬로그램 내외였던 것을 보면 분명 허 과장이 낚은 고기는 컸다. 다음은 마 과장 차례. 검량한 광어를 본부석에 제출하고 돌아서면서 마 과장 고기의 중량을 보는 순간 허 과장은 잠시 자신의 눈을 의심했다. '3.25kg'. 자신의 광어 기록보다 더 나가는 게 아닌가. 마 과장은 허 과장의 놀라는 표정을 보며 히죽거렸다.

"거봐. 중량은 알 수 없는 거라니깐. 그래도 허 과장 오늘 잘 한 거야. 입상권엔 무난히 들 수 있을 거야. 하하하."

허 과장은 우두커니 서서 임 부장 쪽으로 걸어가는 마 과장의 뒷모습을 바라보았다. 그렇게 마 과장을 이기려고 노력했건만 결국 이렇게 밀린 것인가. 2주일간 쏟았던 노력이 물거품이 된 것 같아 씁쓸하기만 했다.

임 부장은 허 과장의 속도 모른 채 박수를 쳐주었다.

"허 과장, 65센티 광어를 낚았다며? 축하해. 그 정도면 충분히 입상할 수 있을 거야. 내가 탄 배는 선장 솜씨가 별로인지 조황이 신통치 않았어."

이때 마 과장이 거들 필요도 없는 말을 해서 허 과장의 속을 더 쓰라리게 했다.

"오늘, 허 과장 대단했죠. 첫 고기를 낚지를 않나, 그리고 막판에 큰 광어를 올리지 않나. 보통 솜씨가 아니더라고요."

허 과장이 쓴웃음을 지으며 시상대 앞 선수석의 임 부장 옆 자리에 앉는 순간 방송이 들려왔다.

"참가선수 여러분 모두 수고 많으셨습니다. 계량을 마친 결과 3킬로그램이 넘는 고기가 모두 일곱 마리가 나왔습니다. 이 일곱 마리에 대해 혹시 있을지 모를 부정행위를 방지하기 위해 금속탐지기로 다시 검사할 예정이니 조금만 기다려주십시오."

허 과장은 낚시대회에 금속탐지기가 웬말인가 싶어서 임 부장에게 물어보았다.

"금속탐지기라뇨? 무슨 얘기입니까?"

"응, 간혹 중량을 속이기 위해서 고기 입속으로 봉돌 같은 것을 넣는 놈들이 있다는 얘기를 들었어. 아마 그런 놈들을 색출하기 위해서 올해 대회부터 그에 대한 검사를 하는가 보지."

순간 마 과장의 얼굴이 굳어지는 것을 아무도 보지 못했다.

● ● ●

본부석에 갑자기 심판들이 모여서 웅성거리는 모습이 보이더니 다시 방송이 들려왔다.

"34번 참가자 계시면 본부석으로 와주십시오."

방송을 들은 임 부장이 고개를 돌렸다.

"34번이면 마 과장 번호 아니야? 그런데, 방금 전까지만 해도 여기에 있던 마 과장이 어디 간 거야?"

마 과장은 어디로 갔는지 보이지 않았다. 34번을 찾는 방송이 거듭되었고, 대회 결과를 기다리던 참가자들이 웅성거리는 목소리가 점점 커졌다. 다시 방송이 들려왔다.

"오래 기다리게 해서 죄송합니다. 금속탐지기 검사 결과 34번 참가자가 낚은 광어의 몸속에 봉돌 두 개가 들어 있었습니다. 34번 참가자는 대회규

정에 따라 실격 처리하겠습니다. 또한 이 사람은 앞으로 저희 한국조구에서 주최하는 어떤 대회에도 참가할 수 없음을 알려 드립니다.”

순간 참가자들이 질러대는 고함 소리가 여기저기서 들려왔다.

“아무리 상품에 눈이 어두워도 그렇지, 봉돌을 고기 입에 집어넣는 놈이 어디 있나.”

“그런 놈은 실격이 아니라 경찰서에 넘겨야 돼!”

임 부장은 충격을 받은 듯했다.

“마 과장이 그런 사람일 줄은 미처 몰랐는데. 사람 다시 봐야겠는 걸….”

허 과장도 놀라긴 마찬가지였다. 매사에 꼼수를 부리는 인간인 줄은 알았으나 낚시대회장에서까지 이렇게 비열한 짓을 일삼다니…, 어쩌면 마 과장도 자신을 꼭 이기고 싶어 했을지 모른다는 생각이 들었다.

사회자가 무대 위로 올라와 마이크를 잡았다.

“낚시인 여러분, 많이 기다리셨습니다. 이제 시상식을 진행하겠습니다. 입상하신 분들 중 3위부터 발표하겠습니다. 3위는 3.1킬로그램을 낚은 참가번호 78번, 허철구씨입니다. 축하합니다. 단상으로 올라와 주십시오.”

허 과장은 자신의 이름이 호명되는 순간 자신도 모르게 벌떡 일어섰다. 내심 3등 안에 들 가능성이 있다고 기대는 하고 있었지만 막상 이렇게 호명되자 너무나도 놀라웠다. 임 부장이 축하한다면서 손을 잡고 흔들어주었다. 천천히 무대로 올라갔다. 한국조구사 사장이 상패를 들고 허 과장을 맞았다. 상패와 부상인 낚싯대와 드럼세탁기 상품이 적힌 피켓을 받아 들었다. 그리고는 3위 단상에 올라가서 나머지 2위와 1위 입상자들의 시상 모습을 지켜보았는데 정신이 하나도 없었다.

임 부장이 어느새 무대 앞으로 와서 핸드폰으로 자신의 모습을 찍고 있었다. 허 과장은 손을 흔들며 웃음을 지어 보였다. 사회자가 입상자들에게 차례로 마이크를 대주면서 입상 소감을 물었다. 3위인 허 과장이 첫 순서였다.

"축하드립니다. 사실 1위부터 3위까지 기록 차이가 크지 않았습니다. 소감이 어떠신지 한 말씀 해주십시오."

무엇이라고 수상소감을 말해야 하나? 잠시 고민한 허 과장이 떨리는 음성으로 입을 열었다. 수백 명의 시선이 자신을 바라보고 있었다.

"오늘의 입상은 저로서는 믿을 수 없는 일입니다. 저는 사실 낚시를 배운 지 두 달밖에 되지 않았습니다. 그 전에는 그저 일밖에 모르던 평범한 직장인이었습니다. 하지만 낚시를 배우면서 삶의 여유란 걸 알게 되었고 가족을 더 소중하게 생각하게 되었습니다. 또 낚시를 함께 즐길 동료 낚시인들이 있다는 게 너무도 행복합니다. 낚시는 저에게 큰 활력과 즐거움을 주는 새로운 세상이었습니다. 낚시라는 아름다운 세상을 알려준 나의 소중한 벗 평기, 그리고 오늘 이렇게 단상에 오르게 해주신 최 프로님, 나의 가족들, 그리고 낚시인 여러분들 모두 사랑합니다!"

허 과장은 목이 메어왔다. 대회장엔 우레와 같은 박수소리가 울려 퍼졌다.

1등
상금100만원
2등
MBTV
3등
드렁세탁기
낚시
전국 광어 다운샷 낚시대회
철컥!
찰칵!

바다는 나의 힐링 필드